MICHAEL JACKSON

流行音樂之神Michael Jackson／克里斯羅柏茲（Chris Roberts）作;黃烷俐、張美貞譯.--初版. -- 臺北市：麥田出版：家庭傳媒城邦分公司發行, 2009.09　　面；　　公分. --（陽光書房；27）譯自：Michael Jackson : the king of Pop 1958-2009　ISBN 978-986-173-556-6（精裝）　1. 傑克森（Jackson, Michael, 1958-2009）2. 傳記　758.28　　　　　　　98015545

陽光書房 27

流行音樂之神 MICHAEL JACKSON

作者／克里斯羅柏茲Chris Roberts｜譯者／黃烷俐、張美貞｜責任編輯／林品亘・趙曼如｜副總編輯／林秀梅｜總經理／陳蕙慧｜發行人／涂玉雲｜出版／麥田出版｜台北市100信義路二段213號11樓｜電話：（02）23560933｜傳真：（02）23516320・23519179｜E-mail：bwps.service@cite.com.tw｜發行／英屬蓋曼群島商家庭傳媒股份有限公司城邦分公司｜台北市民生東路二段141號2樓｜書蟲客服務服務專線：02-25007718・02-25007719｜24小時傳真服務：02-25001990・02-25001991｜服務時間：週一至週五09:30-12:00・13:30-17:00｜郵撥帳號：19863813　戶名：書蟲股份有限公司｜讀者服務信箱E-mail：service@readingclub.com.tw｜歡迎光臨城邦讀書花園　網址：www.cite.com.tw｜香港發行所／城邦（香港）出版集團有限公司｜香港灣仔駱克道193號東超商業中心1樓｜電話：（852）25086231｜傳真：（852）25789337｜E-mail：hkcite@biznetvigator.com｜馬新發行所／城邦（馬新）出版集團【Cite（M）Sdn. Bhd.（458372U）】｜11, Jalan 30D/146, Desa Tasik, | Sungai Besi, 57000 Kuala Lumpur, Malaysia. | 電話：（603）90563833　傳真：（603）90562833｜美術設計／楊啟巽工作室 E-mail：ycs7611@ms21.hinet.net｜印刷／前進彩藝有限公司

2009年9月22日 初版一刷｜Printed in Taiwan.｜定價／480元（精裝）
著作權所有・翻印必究｜ISBN 978-986-173-556-6（精裝）

MICHAEL JACKSON
流行音樂之神

THE KING OF POP 1958～2009

全宇宙唯一的音樂奇蹟

作者──克里斯羅柏茲Chris Roberts
譯者──黃妘俐、張美貞

CONTENTS

INTRODUCTION

他 的 一 生 就 是 為 人 們 演 出 而 存 在

「他是一個美好、優雅、熱情的人。三十九歲的麥可內心是個孩子;一個對現實世界不設防的孩子。這場演出交織著恣意、自戀、誇張。它是一場由魔術、想像力、交換錯置、轉移、掩飾和脫軌所交織出來的表演。他舞姿曼妙,膝蓋和貓王一樣靈活輕盈。他加入他獨特的元素,讓一切光芒四射。」1997年7月26日克里斯羅柏茲(本書作者)在英國的溫布雷體育館觀賞麥可的演出時是這麼寫的。經過很長一段時間,他又繼續寫到,「他有彌賽亞情結,貪婪地想吸住所有人的凝視。他在我們的讚嘆聲中如沐春風,隨著身體節奏和自我感覺舞動。他燃燒起來,成為佛雷亞斯坦的舞伴,在無重力的天堂裡共舞,在銀河系間相視微笑。他要我們沐浴在他的月光下。『別再壓迫我!』他這麼唱著,但他又樂在其中。」

這場演出的幾個重點,他從一個火箭狀的太空分離艙探出頭,確信他是黃金打造的太空人。他低頭俯瞰台下的觀眾將近九十秒,靜靜汲取大家對他的愛。接下來幫派混混出現,一張在《顫慄》中出現的狼人面具,如〈Billie Jean〉一般戴上手套的儀式。他被起重機吊起,懸掛在我們的頭上,〈Earth Song〉的歌聲揚起。愛作秀的牧師假裝在「我將會在……」和「……那裡」(譯註:麥可的名曲〈I'll Be There〉)之間哽咽,比人們真的哭泣更令人動容。坦克車破牆而出衝上舞台,麥可擋住它。小女孩為軍人獻花,軍人放下他的槍。

| 前頁 | 麥可傑克森於1997年在紐約的現場演出。

| 左圖 | 1974年和傑克森5人組樂團在米爾劇院演出。

| 右圖 | 傑克森將英國溫布雷體育館漆成紅色。

麥可傑克森──踏著神奇舞步的人

「儘管你笑他，但麥可傑克森是個了不起的人。這種作風的人很少，但那並不是他的錯。沒有他在場，表演結束的煙火黯然失色。傑克森無法再擁抱大地。他知道他的旅程通往更令人神往的喜悅，他可以為此原諒這一切。他在舞台上活出了光華亮麗並如天使般純淨的一生。這就是演出。」

他的驟逝震驚全世界

所向無敵的麥可傑克森如果醒過來，會發現讓他痛苦困擾的青少年時期只是一場夢。「在我心底，我是個永遠長不大的彼得潘。」他曾說。在環境險惡的世界中，這種人不多。他迥異於常人的特色造就了他，使他在最輝煌的那些年，比其他人更偉大更耀眼，使他睥睨群雄，成為一位超級天王巨星，不切實際的性格成為他後半生的隱憂。2009年6月25日，他的驟逝震驚全世界，但也許正因為如此，他的靈魂獲得了療癒。在年輕時的輝煌越來越令人無法承受地凋落以前，「史上最偉大的歌手和舞者」離我們而去。

流行文化傳說會永遠記住這一天。如已逝的詹姆斯狄恩、瑪麗蓮夢露、貓王、約翰甘迺迪、約翰藍儂和黛安娜王妃，這件事成了「你是從哪兒聽到這個消息」的瘋狂時刻。天王巨星的殞落取代了全世界電視螢幕裡的戰爭、饑荒和政變。網路——實際上也為了這個事件發明的——充斥著淚水和致意、八卦和揣測。「娛樂新聞網站」（TMZ.com）在傑克森真的被證實死亡的六分鐘前先發布了這個消息。古狗（Google）和推特（Twitter）癱瘓；維基百科無法控制即時上去編輯或重編的成員。舉世譁然，都為這位撼動人心的天王巨星之死感到錯愕。

很快地到處都聽得見〈Got To Be There〉和〈Ain't No Sunshine〉的浪漫動人，〈Don't Stop 'Til You Get Enough〉前奏一開始那幾秒鐘的神奇魔力，〈Billie Jean〉無人能及的昂首闊步和彈指，〈Beat It〉和〈Smooth Criminal〉即興反覆的段落，〈The Way You Make Me Feel〉的霸氣，〈The Man In The Mirror〉結尾的假音，〈Human Nature〉甜美的嗓音。就算是晚期的情歌，也充滿著彌賽亞的氣勢，接近瘋狂……崇尚心靈、哭喊求救、為人性至善而祈求。麥可傑克森又回到了年輕的純真。

震驚得不知該如何是好的群眾聚集在他居住的好萊塢、紐約哈林區的阿波羅劇場即刻豎起追悼告示板。傑克森生長的印第安那州蓋瑞鎮，從莫斯科到北京，倫敦到墨西哥，到處都是為他守靈的燭光和安魂曲。在證實麥可身亡的傳聞是真的而非八卦謠言炒作以前，新聞台一直按兵不動，當他們終於得到最後的確認，全世界還是難以接受這個事實。一開始的疲勞轟炸停下來後，那些認識他的人才慢慢有了反應。「就如世上不會再有另一個佛雷亞斯坦、查克貝瑞（Chuck Berry）或貓王，」史蒂芬史匹柏說，「麥可傑克森也是獨一無二的。」昆西瓊斯說，「我太震驚了。命運將我們倆的靈魂綁在一起，讓我們在八○年代做我們能做的一切。這支音樂之所以能傳遍世界每個角落，是他洋溢的才華、個人魅力和專業水準。我今天失去了一個弟弟，我部分的靈魂已經隨他而去。」《時代雜誌》在九一一事件後首次發行紀念特刊。美國國會為他默哀致意。「我懷念他的光芒、他巨星的風采。我永遠不會忘記他因自己的美好，使其他人變得更美好。」迪斯可女王唐娜桑瑪（Donna Summer）表示。

吹牛老爹（P. Diddy）說，「他讓音樂活了過來，他讓我相信神奇的力量。」

這個神奇力量的計畫要倒推到兩個星期前，6月13日。傑克森認真地為他和歌迷萬般期盼也是娛樂界最重要的演唱會彩排，他將於倫敦的O2體育館在總計約上百萬名觀眾面前舉辦五十場駐地演出。他在3月5日宣布這次演出——暌違十二年後他第一場完整的演唱會——現場吸引了七千名歌迷和三百五十位記者。「就是這樣，」他堅稱，「這將是我在倫敦的告別演出。當我說『就是這樣』，我真的指就是這樣。這是最後的謝幕。」

冷嘲熱諷一如以往地蜂擁而至。門票每秒鐘銷售兩位數字。麥可開始接受訓練、排演，期許自己能成功達成這次任務。他想證明，流行音樂天王不僅活著，還比以前更好，他渴望重新登上天王巨星的寶座。他仍有一副好嗓音——尖銳的叫喊、廣闊的嘯聲——以及未來主義風格的舞步。亞斯坦與這位新的競爭者相見時，讚美他「腳下的熱情」仍未熄滅。

和過去一樣，流言和揣測漫天飛舞。雖然很多電視

| 上圖 | 1989年1月與摯友伊麗莎白泰勒在洛杉磯夢幻舞台合影。 | 右圖 | 2009年7月在史戴普勒斯中心舉行的追思儀式。

全宇宙唯一的音樂奇蹟

「傳奇」這個字的含意太廣泛，而這就是我們在這裡要談的。這本書要讚揚這位全世界最受歡迎的成年孩子藝人。他的一生分成三個階段：童星、孩子氣的超級巨星和長不大的超鏈結天王巨星（譯註：hyperstar，意指在各種傳媒及網路都廣受歡迎的超級巨星）。我們將透過史上最壯觀、最刺激的行業來回溯他的一生。是什麼讓他的歌迷從他最閃亮到最黯淡的時期還能如此不離不棄？他的個人魅力、出眾才華和獨樹一幟的風格是如何風靡全世界？他發行的專輯——他這一生數以億計的銷售數字到現在還在節節攀升——哪些禁得起時間考驗，哪些又只能曇花一現？他怪異的行徑是抬高還是貶低了他的聲譽？他是因為不斷地成為公眾和宣傳活動的注目焦點，導致他的敏感和脆弱嗎？他晚期的光芒究竟黯淡到什麼地步？夢幻莊園是否為一座鍍金的牢籠？他終其一生是否只有在舞台上才有安全感，但最後又對它心懷恐懼？真正的麥可傑克森究竟是什麼樣子？

「我很容易覺得尷尬，」他曾說，「舞台讓我覺得比任何地方更自在。它是世界上最棒的地方。我只是點亮它。這是一種神奇的魔力。我來到世上只為了一個原因，我要讓人們開心。我一直以來都這麼做。」他補充說，「和一般人共處，我會覺得很奇怪。以我的身分來說，生活在真實世界不是件容易的事。我有時候想嘗試看看，但人們不會用這種方式對待我，因為他們覺得我與眾不同。」他二十二歲時這麼說。

從他能夠走路以來，大部分的時間都在舞台上，更不用說月球漫步。生於1958年8月29日，五歲時，父親就讓他和哥哥一起演出。他在音樂和舞蹈全方位的天賦很快的被發掘。1969年，傑克森5人組成為摩城唱片旗下紅極一時的歌手。麥可九歲與世界首屈一指的唱片公司簽約，十一歲便登上《滾石雜誌》封面。以炫酷的舞步和無數膾炙人口的單曲，傑克森兄弟風靡了七〇年代初期的流行樂壇。

傑克森變成單飛的歌手是必然的事，但當時顯然沒有人預料他會一炮而紅。1979年發行的專輯《牆外》（*Off The Wall*）創下驚人的銷售紀錄，接著又以《顫慄》（*Thriller*）、《飆》（*Bad*）兩張劃時代的專輯稱

評論員聲稱他們早預料這即將來到，但完全沒有人料到6月25日發生的事。在為即將來到的演出彩排後幾個小時，緊急救援中心接到從他在洛杉磯租賃的宅邸的電話。醫務人員迅速將他送往醫院，試圖讓他醒過來。然而沒有，他的心臟衰竭。他走了，得年五十。一個從來不願長大、現在也永遠不會長大的男孩。

麥可傑克森的音樂和錄影帶再度掀起熱潮，全世界都記得那段時光。憶及他是如何締造樂壇最輝煌的紀錄，沒有羈絆與類型，生性害羞但不自我局限，超越世俗的紛擾與假象，從中得到暫時的快樂。他的音樂錄影帶是如何打破傳統的窠臼；他的影響力如何形成流行文化；他的演唱如何跨越三個世代，身為男孩，身為流行音樂天王，後來甚至成為舉止越來越令人費解的「怪胎傑克」，仍能歷久不衰。他的聲音是如何地跨越界線；他年輕的身體是如何搖撼了規矩教條。現在有一個更好的機會繼續他的夢想，他是如何地凝神靜立在聚光燈下。

霸八〇年代樂壇。1982年發行的《顫慄》迄今仍是史上最暢銷的專輯，根據最新統計，它的全球總銷量超過一億零四百萬張。這張專輯被美國國會圖書館視為具「文化上的重大意義」而永久保存。「我寫的歌總是混合各種曲風，我想透過好音樂的魔力，讓世界逃離現實，並感動所有的群眾。」

1987推出的《飆》是有史以來第三張最暢銷的專輯。這些專輯將傳統音樂融入放克、流行樂、靈魂樂、搖滾樂，發揮每一種曲風的優點。它們將麥可的註冊商標如月球漫步、紅夾克和一隻白手套變成流行的術語。傑克森的錄影帶刺激了MTV的興起。當電視與音樂、傳媒和訊息發展出一個新的合作模式，他充滿視覺震撼魅力的現場演唱，以及融合感官與性靈世界的氛圍，激起了觀眾歇斯底里的熱情。

九〇年代情況開始複雜。他的相貌變了，膚色變了，變成媒體追蹤討論的話題，一個因為身體不適傾向隱遁的謎樣人物，一個隨意變換形貌的人。他的專輯——如《危險之旅》（Dangerous, 1991）、《歷史之旅》（HIStory, 1995）和《萬夫莫敵》（Invincible, 2001）——儘管不如之前的作品大賣，但銷量依然可觀。兩次婚姻——小說家巴拉德（J. G. Ballard）認為實質上只有一次——其中一次是和貓王的女兒麗莎瑪莉普萊斯里結婚。他有三個孩子，在不同於一般人的環境下成長。麥可舉手投足似乎只會引發更多負面新聞，連金額龐大的慈善捐款也無法彌補。他最近這幾年被創傷、訴訟官司和經濟拮据纏身。他重返現場演唱的舞台，要在無以數計的歌迷眼前證明他是所向無敵的，這似乎為圓滿結局帶來了一線新希望。

然後，噩耗傳來。悲劇已成事實，媒體狂熱無疑還會繼續延燒好幾年。獨一無二的傑克森留下了無數憤世嫉俗、脫離現實、情感真摯、心靈提升的偉大作品，但他帶給人們最美麗的補償是，從現在起，傑克森將永遠是一隻自由飛翔的蝴蝶，一個謎，一個傳說，一個祕密，一個擁有神奇魔力的人。

Chapter 1

媽媽的珍珠 MAMA'S PEARL

麥可傑克森小時候進摩城（Motown）唱片錄音室工作的途中，看見其他的小孩在對街的公園裡玩。當時的他正準備去開會。他有點納悶，眼中露出一抹哀傷，因為他無法體會大太陽下在外面玩耍是什麼樣的感覺。

「我很不解的看著他們——我無法想像這樣的自由，這樣無憂無慮的生活。我好希望自己能擁有那樣的自由，我希望我可以不要工作，像他們一樣玩耍。」

早熟的童年

「表演和音樂一直是我最享受的樂趣。我小時候，很渴望當一個普通的小孩，」多年以後他回憶，「我夢想能搭一間樹屋，打水仗，和朋友玩捉迷藏。然而，命運卻為我安排了一個截然不同的人生。」

生於1958年8月29日，在家中九個孩子中排行老七。麥可喬瑟夫傑克森（Michael Joseph Jackson）和他的兄弟姊妹攜手度過一個不同於常人、動盪不安的童年。父母喬瑟夫和凱薩琳（娘家姓為史庫西 [Scruse]）傑克森是受洗的「耶和華見證人會」信徒，早期住在印第安那州一個窮鄉僻壤的工業小城——蓋瑞鎮，撫養他們的勞工階級家庭。他們住在貧民區一間用木板隔成兩間房的房子裡。（那條街後來被命名為傑克森大道，表揚他們的成就。）平日以載歌載舞來娛樂自家人。「我們家後面那所高中的大樂團裡有喇叭、伸縮長號和鼓，他們演奏的時候，音樂會傳到馬路對面，」麥可若有所思的說，「我好喜歡那種感覺。」

喬曾做過拳擊手、歌手／吉他手，後來在一家鋼鐵公司當起重機操作員。凱薩琳則在家帶孩

子——麥可、傑基（Jackie）、提托（Tito）、傑麥恩（Jermaine）、拉托雅（La Toya）、馬龍（Marlon）、瑞比（Rebbie）、藍迪（Randy）和珍娜（Janet）——哼唱幾首民謠給他們聽。但是，父親喬是個大權在握、要求嚴苛的人。多年後，麥可在歐普拉（Oprah Winfrey）的電視訪談上透露，「我的過去歷經許多大風大浪，但最讓我飽受煎熬的，是我的青春期和我父親。」調皮的他在把蜘蛛放在姊姊拉托雅的床上之後，便領教到父親的火爆性子。為了要求男孩們的排練盡善盡美，喬以專橫跋扈的方式訓練男孩們唱歌跳舞，麥可對此已經習以為常。喬傑克森曾在一個節奏藍調（R&B）樂團演奏，並於法爾肯司（The Falcons）唱片當吉他伴奏，他把希望寄託在下一代，期許他們能達到自己無法企及的成就。於是，他們開始發揮他們的潛力。他的母親憶及令人回味的往事。她說，剛出生的麥可「頭看起來很滑稽，棕色眼睛大大的，一雙手比別人都長。」這個孩子非常特別。她還記得他十八個月大時，隨洗衣機的節奏手舞足蹈的樣子。「他在某些方面不同於其他孩子。你知道，嬰兒的動作通常不太協調，但他的舞蹈不是。我從不相信輪迴轉世，但是，他跳起舞來就像是個成熟的大人。」

麥可提及母親的好心。「我小的時候，這個該死的男人大清早就會去踢每個人的房門。最後終於敲到我們的門，媽媽二話不說馬上讓他進來。」他談到他早期的歌聲，「我用小孩子的童音唱歌，模仿各種聲音。我不明白歌詞的含意，但只要多唱幾次，我就可以唱得很好。我從來不需要去學怎麼跳舞。我觀察馬龍的動作，因為他只大我一歲，我可以跟得上他。」

能歌善舞的小麥可

「傑克森兄弟」（The Jackson Brothers）在1964年創團時僅有傑麥恩、傑基、提托三名成員和兩位負責演

｜前頁｜小童星渴望一個無憂無慮的童年。

｜左圖｜〈Ben〉是一首關於老鼠的歌，並獲得奧斯卡金像獎提名。

｜右圖｜年輕的傑克森五人組1968年於芝加哥合影，最前面的是麥可。

奏吉他和鼓的在地友人。不到一年時間，六歲的馬龍和五歲的麥可加入樂團，分別演奏鈴鼓和康加鼓。麥可當樂團背景的時間並沒有太久。他母親每天早上幫他鋪床時邊聽他唱歌。他在蓋瑞鎮加奈特小學的才藝發表會上第一次公開演出，以〈攀登每座山〉（Climb Every Mountain）讓所有的同學及老師感動落淚，博得全場喝采。他後來負責合聲的部分，很快的即換到傑麥恩旁邊唱主旋律。

麥可最擅長演唱傑基威爾森（Jackie Wilson）、山姆庫克（Sam Cooke）、 史提夫汪達、黛安娜羅絲等人的歌曲，學詹姆斯布朗（James Brown）的舞步也有

模有樣。「他非常活潑，僅僅五歲的他，儼然一名樂團主唱。」傑基對《滾石雜誌》說，「我們都看得出來，台下觀眾都被他的表演迷住了。」喬嗅到了一座金礦。

父親嚴酷的訓練

「我們在排練的時候皮都繃得很緊。」麥可說，「他坐在椅子上，手握著皮帶。你要是有半點閃失，爸爸就會用皮帶狠狠地抽你一頓。他是個非常嚴酷的人。好幾次他只要一停下來看我，我就全身毛骨悚

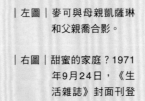

| 左圖 | 麥可與母親凱薩琳和父親喬合影。

| 右圖 | 甜蜜的家庭？1971年9月24日，《生活雜誌》封面刊登男孩和他們愛出鋒頭的父母合照。

然。」他在另一個場合提到，「他汲汲營營要讓我們獲得金錢上的成功。他是個經營管理高手，在某種程度上，哥哥和我能有今天在事業上的成就，都該感激他以強硬的方式鞭策我們。在他的監督下，我不能跳錯一步，但我真的想要的是一位『慈父』。」在喬傑克森毫不留情的鞭策下，男孩在蓋瑞鎮的「幸運先生夜總會」首次登台演出，他們的表現一鳴驚人，從路邊紅到美國中西部，開始在美國黑人俱樂部、雜耍歌舞劇場，甚至三流脫衣舞俱樂部做暖場演出。他們的青春活力和表演天分，說服了那些看他們年紀小而說風涼話的人。他們賺取丟上舞台的每一分小費。麥可的差事就是爬在地上把撿起的銅板塞進口袋裡。沒過多久，職業演出的邀約接踵而至。

傑克森五人組

麥可還不到八歲，已經在演出中單獨表演一段自己的舞步。麥可的羞怯，在燈光下舞動的那一刻便消失無蹤。1965年他們在羅斯福高中舉辦的才藝表演地區賽中，演唱誘惑合唱團（Temptation）的成名曲〈My Girl〉獲勝。提托學校管弦樂團的老師建議他們取名為「傑克森五人組」（The Jackson Five）。「提托認為我們應該組成一個團體。」麥可說。「我們決定這麼做，然後加緊練習。我們開始參加才藝競賽，打敗了所有的對手。」

具有影響力的電視節目《靈魂列車》的創作人唐柯尼理厄斯（Don Cornelius），六〇年代中期是一名芝加哥廣播電台的DJ。他對《時代雜誌》描述第一次聽到傑克森現場演唱時所受到的震撼。「他只有四呎高，你看到一個小孩在台上完成一切他想做的表演──用他的歌聲或他的腳。提及專業的演出，你會談到詹姆斯布朗的表演，會談到艾瑞莎弗蘭克林（Aretha Franklin）的歌藝。麥可不過是個小孩，但他的水準卻達到他們的境界。他能歌善舞，有自己的一套，無人能及。」

麥可對歐普拉說，「我認為詹姆斯布朗是個天才。我小時候在電視上常看到他的表演，總是很氣那些攝影師，因為他一開始跳舞，他們就不斷拍特寫鏡頭，害我看不到他的腳。我大叫，『照他的腳！照他的腳！』，這樣我才能觀摩他的舞步。」麥可的幼稚園老師葛蕾蒂強森說，「他五歲的時候，算術很差，他告訴他的老師，『我不需要學這些數字，我的經紀人會幫我算我的錢。』他在當時年紀那麼小時就宣稱，『我想要當一個偉大的明星。我要讓世界和平。我有一天要擁有自己的房子。』」

LIFE

ROCK STARS AT HOME WITH THEIR PARENTS

The Jackson Five

with Mom and Pop

JACKSON 5 BLVD.   JACKSON 5 BLVD.

SEPTEMBER 24 • 1971 • 50¢

「他非常機靈，儘管那時年紀小，但他什麼都知道。」班布朗，鋼城唱片總裁說。

事，對外宣稱發掘這些男孩的是黛安娜羅絲，葛蘭迪絲奈只是第一個慫恿他去見見他們的人。）

傑克森的父母比過去更積極推動此事。如果說，喬是暴君，凱薩琳就是膽小怕事的女人。他們心知肚明，一名童星的市場價值，就如時鐘一樣滴答滴答地快速的走過。

「凱薩琳很明白，離開印第安那州蓋瑞鎮唯一的辦法，只能靠麥可，」一位家族的友人說，「她轉身對我說，『現在的麥可是很討人喜歡，但他不會永遠都停留在這個樣子——到時候我們該怎麼辦？他們得盡快跟唱片公司簽約。』」儘管年紀還小，麥可已經培養出商業的敏銳度，他為了鋼城的發片宣傳整理出一批照片。唱片公司總裁班布朗（Ben Brown）憶及，麥可將自己的照片放在最前面，說這是「商業照」，不是「家庭照」。「他非常機靈，儘管那時年紀小，但他什麼都知道。」

麥可並不滿足僅止於此。在訪談中他告訴歐普拉，「得開始煩惱知名度和所有的事……是很寂寞的事。儘管也有和哥哥們一起打枕頭戰和玩樂的美好時光，但我常常因為寂寞而哭泣。我太小了，那時不過八九歲。」他曾在另一個場合說，「我是在玻璃魚缸裡長大的。」編舞家文生派特森（Vince Paterson）說，「他的確有一點害怕人群。當他還小的時候，就吸引了所有人的目光，他們要看部份的你，要看你的穿著打扮還有髮型，以至於他在人群中很不自在。」

與摩城唱片合作

貝瑞高迪也顧慮到傑克森男孩們的年紀，他剛簽下正值少年的史提夫汪達，擔心觸犯當時嚴格的童工法令。但男孩們不斷博得群眾和摩城旗下其他歌手的好評。高迪在看過他們現場表演的錄影帶之後驚為天人。靈魂樂歌手鮑比泰勒（Bobby Taylor）也為他們背書。唱片公司於1968年7月安排了一場試唱會，他們滿懷自信，以熾熱的情感詮釋詹姆斯布朗的〈I Got

成名之路

傑克森五人組和當地的獨立唱片公司鋼城（Steeltown）簽下他們第一張專輯，朝著他們的夢想往前跨出重要的一大步。1967年他們首先發行兩首單曲〈Big Boy〉和〈We Don't Have To Be Over 21 [To Fall In Love]〉，兩首單曲都在當地造成轟動。第一支黑人男孩樂團初試啼聲便聲名大噪。他們演唱名曲〈Hold On I'm Coming〉和〈Soul Man〉得到享譽盛名的靈魂樂二重唱山姆及大衛（Sam & Dave）青睞，私下安排他們參加1967年8月在紐約哈林的阿波羅劇場舉辦的年度業餘才藝表演之夜競賽。可想而知，他們獲勝了。他們隨後打動了在當時如日中天的摩城唱片旗下歌手葛蘭迪絲奈與種子合唱團（Gladys Knight & The Pips）。偉大的歌手葛蘭迪絲奈對他們的表演印象相當深刻，將他們引薦給摩城唱片總裁貝瑞高迪（Berry Gordy Jr.）。（高迪後來為了宣傳而捏造出另一個故

| 左圖 | 1972年7月，麥可上《索尼和雪兒搞笑時間》電視秀。

| 右圖 | 麥可十三歲在加州安西諾家中唱歌。

The Feelin'〉。高迪儘管擺張撲克臉，但內心篤定非得把他們簽下來不可。之後他坦承，他認為麥可的舞蹈相對於他稚氣的臉蛋和清亮的嗓音，似乎顯得過於成熟，他努力想找出一個能夠平衡這個落差的方法。「我們不敢相信，這個孩子的身體裡是個老人。」他說。

他提供喬和凱薩琳夢寐以求的那紙合約。他們於7月26日與摩城唱片正式簽約。高迪出錢買下他們與鋼城唱片公司的合約，將男孩們與他們的父親遷至加州，1969年將他們帶進摩城唱片的希茲斐勒錄音工作室。麥可和馬龍兩兄弟暫時隨黛安娜羅絲住在她的宅邸：麥可和羅絲兩人成為一生最親密的朋友。

「傑克森五人組」樂團變成「傑克森5人組」（The Jackson 5），正當新聞媒體扯他們後腿（將麥可的年齡從十一歲降為八歲），並大肆渲染黛安娜羅絲發掘

他們的故事之際，他們瘋狂的投入排練。日以繼夜的工作，除了排練還是排練。摩城唱片公司組織一個製作團隊The Corporation雕琢他們的曲藝和歌聲，精心打造他們的外觀、造型和服裝，目標即是讓男孩們做好萬全的準備，一炮而紅。「我回顧我的童年，」不過麥可後來寫到，「發現我的記憶裡完全沒有鄉野田園的風景。」

1969年8月11日，黛安娜羅絲在比佛利山莊黛西俱樂部的三百五十名受邀來賓面前，正式將他們介紹給大眾。他們開始出現在螢光幕前，10月7日發行第一支單曲〈I Want You Back〉。1970年1月，這首歌便登上全美暢銷排行榜冠軍。首張專輯《Diana Ross Presents The Jackson 5》創下銷售量逾百萬的佳績，這個團體以全美第一的氣勢進入他們最輝煌的十年。麥可傑克森的故事這時才真正要開始。

Chapter 2

約定 GOT TO BE THERE

貝瑞高迪的摩城唱片公司——以底特律的別名「汽車大城」（Motor Town）命名。高迪選擇在曾經充滿傳奇故事的汽車工人聚集之處，創立了他的音樂品牌。它率先普及黑人音樂，致力廢除種族不平等待遇，擁有將流行歌曲點石成金的訣竅，創作許多歷久不衰的動人靈魂樂及舞曲專輯。摩城買下貧民窟到主流市場所有的黑人音樂。旗下的天王巨星有：史摩基羅賓遜（Smokey Robinson）、馬文蓋（Marvin Gaye）、史提夫汪達、 四個頂尖樂團（The Four Tops）、誘惑合唱團、黛安娜羅絲和至上樂團（The Supremes）。

傑克森5人組在摩城大放光芒

　　高迪將喬傑克森和男孩們遷至加州——他大部分的事業重心當時的所在地——但把喬、傑麥恩、提托和傑基安頓在他家。年幼的麥可和馬龍則住在黛安娜羅絲家。麥可和羅絲日後成為摯友。麥可曾說他和羅絲分享他「最深層、最陰暗的祕密」。（他事後證實，他以自己的寵物蛇名字命名的那首〈Muscles〉，是寫給羅絲的歌，輿論延伸想像，懷疑〈Dirty Diana〉這首歌是否在指羅絲小姐。）高迪和黛安娜——高迪的情人——運用宣傳手法造勢，將這個團體介紹給大眾。因此他們在摩城集團全體的祝福之下綻放光芒。

　　〈I Want You Back〉在七〇年代初期登上全美暢銷排行榜冠軍，所有的投資立即得到回報。1970年傑克森5人組以四首冠軍單曲，創下流行音樂史上第一個連續四首單曲蟬聯暢銷排行榜榜首的團體。這也是摩城唱片首次在一年內推出四首冠軍單曲。〈I Want You Back〉、〈ABC〉、〈The Love You Save〉、〈I'll Be There〉都是充滿朝氣、激勵人心的歌曲。（當時深受英國青少年喜愛的唐尼奧斯蒙 [Donny Osmond]、大衛凱西迪 [David Cassidy] 與他們硬碰硬，以至於四首單曲在英國的表現不盡理想，排名分別為第二名、第八名、第七名與第四名）。他們的首張專輯在全美排行第五名。

| 前頁 | 盛裝出席：傑克森5人組在1977年的陣容。馬龍、傑基（最後一排由左到右）；麥可、提托（中間由左到右）；藍迪（第一排）。

| 上圖 | 傑克森5人組1969年發行首張專輯《Diana Ross Presents The Jackson 5》創下銷量逾百萬的佳績。葛蘭迪絲奈確實比黛安娜先注意到這個團體。

| 右圖 | 天賦異稟的年輕黑人樂團：提托、馬龍、傑麥恩（上排由左到右）；麥可、傑基（下排由左到右）。

傑克森狂熱席捲全美

　　〈I Want You Back〉將麥可的歌聲和風采推上世界的舞台。應接不暇的電話、訪問和聽眾的反應，讓傑克森家族男孩開心不已，但站在舞台和螢光幕正前方搶鏡頭的靈魂人物是麥可。當小男孩引吭高歌「喔寶貝，再給我一次機會」的那一刻，即宣告他能與摩城旗下的歌壇巨星們相互匹敵。4月，充滿活力的動聽歌曲〈ABC〉延續上一首歌曲的氣勢，將披頭四的〈Let It Be〉擠下冠軍寶座。另一首描述生活樂趣的溫馨小品〈The Love You Save〉於6月登上排行榜第一名。10月推出動人的抒情歌〈I'll Be There〉。到今天〈I'll Be There〉無論在歌唱部分和旋律上都是一首不可多得的好歌。麥可十二歲第一次詮釋失戀歌曲，「我發誓我

說的是真的，」他一度坦承，「我小時候完全不知道自己在做什麼——我只是去做。我從來不知道我是怎麼唱歌的。我真的沒有要刻意表現，它們自然而然就出來了。」它就這樣成功了。

　　傑克森5人組被歸類為「泡泡糖靈魂音樂」，對流行音樂的影響無遠弗屆。作家大衛里茲（David Ritz）稱這些單曲有「閃亮的美——年輕奔放的樂觀。他們的音樂讓我們感到快樂。」傑克森狂熱開始席捲全美：男孩們聲名大噪，從西岸紅到了東岸。麥可最開心的莫過於母親和姊妹們終於可以搬到加州，與家族其他成員相聚。傑克森家族名利雙收，家人團聚，他們搬進洛杉磯一棟名為海溫赫斯特（Hayvenhurst）的豪宅。

黑人流行音樂嶄露頭角

　　很多人也許不太記得，七○年代的麥可傑克森是第一位在黑人民權運動後期崛起的超級巨星，美國當時面臨國內種族要求平等的問題，他的成功意味著所有的種族都能跨越鴻溝和平共處。夏卡康（Chaka Khan）曾說，「那是一個特別的年代。我們對明天充滿希望，不需再用過去的方式生活。活著的感覺真美好。」年幼的傑克森並非政治積極分子，但他在文化上的優勢地位以及摩城唱片的積極推動，都讓人們了解到，這是黑人文化開始嶄露頭角的成果。許多黑人流行樂團體出現在螢光幕前，對黑人家庭來說，這個現象意義深遠，比看到「奧斯蒙家族」（Osmonds，編按：當年跟傑克森5人組互別苗頭的白人青少年團體，也是由年紀最小的唐尼奧斯蒙擔任主唱）或「鷓鴣家族合唱團」（Partridge Family）更令人開心。出身芝加哥的學者及作家波尼葛瑞爾（Bonnie Greer）寫道，「我很熟悉傑克森5人組針對他們的音樂與舞蹈所做的穿著打扮。他們屬於我的、我們的，他們與我們

來自同樣的背景。麥可一家人出身貧苦，但他們有無限的潛力和工作倫理。你們看到麥可就會明白——他是非裔美國人，一個出身於一個簡陋、藍領階級的鋼鐵小鎮的黑人小孩。」

年輕美國之聲

　　當傑克森5人組專輯發行訴求超越所有的膚色和年齡，摩城的行銷計畫便鎖定更年輕的族群。這個樂團再度奠立摩城「年輕美國之聲」的地位（麥可在黛安娜羅絲的電視節目上模仿法蘭克辛納屈）演唱〈It Was A Very Good Year〉）。唱片公司推出各式各樣的周邊商品，從海報到繡章無所不有。動畫卡通《傑克森5人組》即以樂團的探險故事為主題，每星期六上午在電視上播送。

　　男孩們在自己充滿樂趣的電視特別節目《傑克森5人組秀》及《重返印第安那》中表現出色。

　　他們每天的行程緊湊繁重，還沒到青春期的傑克森，只要一上街便被群眾圍繞。當他們不需要旅行、

| 左圖 | 年輕的傑克森若有所思。

| 上圖 | 唱歌對麥可來說易如反掌。

不需要演出或不需要上電視節目的時候，就全都待在錄音室裡。從1969到1975年，他們以驚人的速度在六年內發行十四張專輯。除此之外，麥可從1972年起展翅單飛，發行個人專輯。然而，並非所有的事都如外在一樣光鮮亮麗。麥可發現他對這個新世界很陌生，他感到迷惘。哥哥帶女人回飯店房間時，他得假裝已經睡了。儘管所有的人都為他鼓掌喝采，他開始面對自尊心的問題。他在發育期公開露面時，深受青春痘和鼻子大小所苦惱。他後來說，「我相信，每個童星都經歷過這種時期，因為你不再是以前那個可愛討喜的孩子了。」

「閃動腳趾」之譽

1972年10月，打扮光鮮亮麗的兄弟檔第一次在歐洲巡迴，參加倫敦百樂廳劇院舉行的皇家御前演出。他們在倫敦的溫布理大舞台（當時的溫布理帝國池）以及最熱門的BBC音樂節目《流行音樂排行榜》中表演。他們是興高采烈的旅客，百忙中偷閒參觀白金漢宮和唐寧街十號。《時代雜誌》一篇報導在批評票價太貴以前提到，「十四歲的麥可有一種驚人的凌駕之勢……他輕快閃動的腳看起來似乎沒有著地。」

得到「閃動腳趾」之譽的麥可，絲毫沒有喘息和思考的時間。暢銷歌曲製造機必須持續運作。摩城乘勝追擊，陸續發表新歌，如1971年的〈Mama's Pearl〉和

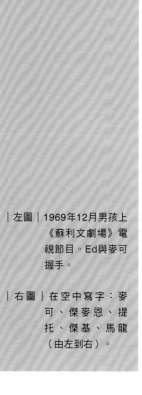

〈Never Can Say Goodbye〉、1972年的〈Lookin' Thru The Windows〉和〈Santa Claus Is Coming To Town〉、1973年的〈Doctor My Eyes〉、〈Hallelujah〉和〈Skywriter〉。此外，麥可的兩張個人專輯《約定》（Got To Be There）（1972）和《Ben》（1973）無論在音樂性或銷量都創下傲人佳績。

展翅單飛

1971年秋天，〈Got To Be There〉這首以天籟之音演唱的讚美歌，是十三歲的麥可獨唱的第一首處女作，它順利登上美國排行榜冠軍，英國排行榜第五。他的父親和高迪從此更肯定他無可限量的潛質，但未來不能再與哥哥一起表演令他感到沮喪。同名專輯於1972年1月推出。儘管傑克森5人組仍活躍於歌壇，但公司內部人士都抱持觀望的態度。麥可現在是全世界最紅的青少年，表現比其他傑克森男孩更亮眼，與如日中天的巨星一比，他們似乎難逃解散的命運。摩城為了整體效果，特別派一組人馬負責編舞量身訂作服裝，與哥哥同台演出時，麥可彷彿受到包圍，更備受

限制。他不斷想掙脫枷鎖，他因想得到更多的發言的機會而參與各種活動。「麥可一向不同於其他人，」貝瑞高迪說，「他擁有比任何人都強烈的渴望。他很有自己的一套。」正值事業顛峰期的高迪也很有自己的一套，兩張史上最暢銷的專輯其中一張就是他的搖錢樹。接下來的〈Rockin' Robin〉和〈Ain't No Sunshine〉也都攻佔暢銷排行榜，麥可的下一首冠軍單曲只取決於時間的問題。接下來的是〈Ben〉，他於1972年發行第二張同名專輯。

青春期的煩惱

這首歌很怪的是，它竟預知了未來。〈Ben〉是描述一個小男孩向他最要好的朋友——一隻名叫「Ben」的老鼠——表達他的愛，它同時也是同名恐怖電影的主題曲，麥可以此獲得奧斯卡金像獎的提名。這首電影主題曲原本是寫給唐尼奧斯蒙的歌曲，但他當時正在巡迴演出，於是轉由麥可演唱，關於這部分我們就不用太深究。這首歌簡直是為他量身打造：麥可當時已經在家中飼養一些稀有動物——孔雀、鸚鵡，甚至還

有一隻大蟒蛇。「人們開始問，『你為什麼要唱一首關於噁心的小老鼠之歌？』」小巨星笑說，「如果這首歌是關於一隻笨老鼠，你覺得它會比較好聽嗎？」唱片持續發行，麥可正在改變，他逐漸成熟。他的嗓音不再純淨清亮，但他保住了對許多童星來說是職業致命傷的魅力。他在青春期面臨很大的考驗。他體重增加，更害羞內向，缺乏安全感。滿臉的青春痘讓他十分苦惱。他開始吃素。「那段時期毀了我整個人。」他不禁嘆氣。慘綠少年的煩惱，埋下日後他不認同自己外觀的種子。

「他每錄完一首歌，就一個人躲得遠遠的。」名製作人海爾戴維斯（Hal Davis）觀察青春期的傑克森。「令人非常心疼。他還只是個小孩。」沒有哥哥的陪伴，他依然勇敢登台演出，在奧斯卡金像獎的頒獎典禮現場獨自演唱〈Ben〉。

「機器人」舞步蔚為風尚

不過，他還是不願離開傑克森5人組。無論如何，他們還是決定離開摩城。這是一個很大的衝擊。在微

笑的背後，傑克森家族和貝瑞高迪之間的對話日益尖銳。他們想要有更大的創作空間，於是在1975年揮別摩城。麥可唯一的評論是，「我們不喜歡他們安排我們錄音的方式。」潛在原因可能還包括專輯促銷的壓力太大，錄音的行程過度緊湊。1974年，廣播電台播出的迪斯可取代了過氣的靈魂樂，傑克森兄弟以〈Dancing Machine〉開始挑戰迪斯可，適時跟上了潮流。1973年《Get It Together》專輯中的單曲廣受大眾歡迎，他們開始對新的創作方向躍躍欲試。但高迪錯誤的採取保守立場，他不希望傑克森兄弟的翅膀變硬。

他們在《靈魂列車》中演唱〈Dancing Machine〉的表現令人激賞，《時代雜誌》宣稱，「這首歌從頭到尾都由較受歡迎的麥可傑克森主唱。歌曲中段，他臉上表情忽然隱沒，啪的一聲，跳起了讓人驚豔的『機器人』舞步。這是他自己發明的舞步，一個以靈巧的人體工學設計出來的創作，完全擺脫詹姆斯布朗的影子。這首歌衝上了暢銷排行榜，「機器人」舞步一時蔚為風尚。《時代雜誌》繼續寫道，「麥可傑克森的創舉證明了他是個天才，他會繼續創造更不同凡響的

表演。」

「傑克森家族」親手打造百萬暢銷專輯

與老東家分道揚鑣後，傑麥恩留在摩城，娶貝瑞高迪的女兒海絲兒（Hazel）為妻，藍迪遞補他的位置加入樂團演出。他們與CBS唱片公司（後來的埃佩克[Epic]）簽下新合約，（由於法律上的限制）樂團更名為「傑克森家族」合唱團（The Jacksons），這個家族團體蘊含巨大的能量。外界對重新改組反應良好，海外銷售佳績不斷，彷彿向高迪證明儘管沒有他在背後撐腰，這個實力堅強的陣容依然飛黃騰達。往後幾年，他們從流行樂團轉型成型態多元的現場演唱團體，以高超熟練的技藝完美地融合流行樂、放克、靈魂樂、舞曲和抒情歌。他們將心力集中於打造專輯，而非發行單曲，並與傑出的作家暨製作人如費城傳奇人物肯尼甘柏（Kenny Gamble）與里昂赫夫（Leon Huff）合作。1976年發行的首張專輯《傑克森家族合唱團》（The Jacksons）中，包括麥可第一首個人

獨立創作的單曲〈Blues Away〉。甘柏／赫夫製作的〈Show You The Way To Go〉使傑克森家族首次登上英國暢銷排行榜榜首（進入前十名後登上榜首）。第二張專輯《Goin' Places》也受到「費城之聲」曲風的影響。1978年，埃佩克相信「傑克森家族」有親手打造專輯的實力，百萬暢銷專輯《Destiny》即是信任的最佳憑證。它如〈Blame It On The Boogie〉和〈Shake Your Body（Down To The Ground）〉一樣廣受歡迎，專輯中加入麥可合寫的曲目，這意味聽過無數的唱片和美妙旋律後，他的聽力與時俱進。剛滿二十歲的麥可，就快要找到一種聲音，徹底顛覆節奏藍調與流行音樂。1980年推出的《Triumph》以及1984年的《Victory》，都是「傑克森家族」的重要專輯（後者《Victory》是麥可在樂團最後一次完整的演唱），然而，麥可有自己的路要走。此舉似乎打破這個團體即將解散的魔咒。他不是一般人。

他的知名度迅速竄起，連他的兄弟都和全世界的歌迷一樣，無法逼視他那耀眼的光芒。一切都即將脫離常軌，往更令人意想不到的方式發展。

| 左圖 | 1978年11月傑克森家族合唱團主持自己的電視節目。提托、傑基、麥可、馬隆、藍迪（由左到右）。

| 右圖 | 傑克森五人組在CBS的電視演出，麥可站在最前面。

| 下圖 | 年紀最小的藍迪（最右邊）加入大男孩，參加《桑尼與雪兒搞笑時間》演出。

Chapter 3

牆外 OFF THE WALL

「沒有人能夠為成功做好準備。」昆西瓊斯（Quincy Jones）表示，「尤其是發生在音樂史上空前絕後的成功。」七〇年代後期，麥可傑克森蓄勢單飛，開拓自己的音樂之路。在無與倫比的成就即將來臨之前，他得先經歷一場個人的失敗。二十多歲時，他在電影《新綠野仙蹤》中軋一角，這部電影所費不貲，由非裔美國人重新詮釋茱蒂迦倫（Judy Garland）的經典名片《綠野仙蹤》。這部新音樂劇在百老匯演出時轟動一時；所有人都對其電影版抱持很高的期待。麥可在片中飾演以沒有腦袋知名的稻草人。他賣力演出，在鏡頭前展現最好的一面，他的機敏和靈活度結合了極具渲染力的活潑舉止，與他飾演女主角桃樂絲的好友黛安娜羅絲相輔相成，兩位都是當紅的歌手。理察普萊爾（Richard Pryor）和妮娜霍恩（Lena Horne）也參與演出。昆西瓊斯身兼音樂總監以及電影配樂，又有電影大師薛尼盧梅（Sidney Lumet）跨刀執導。票房還會有什麼問題？

「長大成人」後的第一張專輯

桃樂絲一行人從堪薩斯州一路舞到紐約大都會的迪斯可俱樂部，全劇缺乏凝聚力。錯不在電影氣氛、不在歌曲，也不在演員陣容。它的票房慘敗要歸咎於自以為是的幽默和催淚的濫情戲。儘管在視覺效果上表現不俗、極富想像力，它仍是一部造價高昂的大爛片。麥可毫不掩飾他對這部片子的熱中，「我不認為它能拍得更好了。那是我這一生截至目前為止最棒的經驗。」他說。一位評論家讚賞他「有演戲的天分」。

麥可因《新綠野仙蹤》結識了昆西，他們的黃磚路上從此鋪滿黃金。多才多藝的瓊斯在業界身經百戰，曾與法蘭克辛納屈、雷查爾斯（Ray Charles）、艾瑞莎弗蘭克林和艾拉費茲傑羅（Ella Fitzgerald）合作過無數影片。兩個人結為好友，麥可邀請瓊斯製作

他「專屬」的第一張個人專輯，也是他「長大成人」後的第一張專輯。對兩個人來說，這都是一個絕佳的策略。「他不太有把握，單憑自己的能力是否做得到。」瓊斯說。「我起初也一樣，對自己的能力心存懷疑。」這張專輯的作詞作曲者包括史提夫汪達、保羅麥卡尼，還找了低調的迪斯可樂團「熱浪」（Heatwave）的成員洛德湯普頓（Rod Temperton）捉刀。曾寫過三首歌並與人共同創作三首歌的傑克森後來宣稱，「昆西和我第一次開會時，我們坐下來討論我們確定要什麼，最後將原先的計畫全部推翻了。」

小禮服和白短襪成了他的招牌

《牆外》（Off The Wall）於1979年8月10日發行，麥可塑造一個全新的形象：歌曲、節奏、外觀和造型都煥然一新，世界級巨星焉然誕生。他第一張個人專輯

「他不太有把握，單憑自己的能力是否做得到。」瓊斯說，「我起初也一樣，對自己的能力心存懷疑。」

中有四首單曲榮登全美排行榜冠軍，獲得七次白金唱片，搖身一變成為全世界家喻戶曉的知名人物。專輯銷量逾兩千萬張，在《顫慄》（Thriller）推出之前這個成果相當輝煌。專輯封面的麥可露齒而笑，小禮服和白短襪成了他的招牌。「小禮服是我們為了企畫和包裝想出的點子。」他的經理人說，「白襪子是他的主意。」《牆外》是麥可跨牆而出的轉捩點，他從令人極其欽佩的職業藝人，躍升成為靈感豐沛、風格獨樹一幟的天才。

談到他的創作，傑克森謙虛的笑說，「在詞曲創作上署名，我自覺問心有愧。我的確作詞、譜曲、寫主旋律。但是那些……都是上天的恩賜！」從1978年12月到1979年6月這半年間，他分別在洛杉磯的艾倫詹慈錄音室、西湖錄音室及契洛奇錄音室錄製。瓊斯擔心他們要冒的風險太大，打電話給湯普頓。湯普頓起初提議，他給三首歌，讓他們從中挑一首最喜歡的，但是傑克森三首都愛不釋手（〈牆外〉、〈Rock With You〉、〈Burn This Disco Out〉）。他分兩次錄完這三首歌，錄音前一天便熬夜將歌詞背得滾瓜爛熟。他認為，當他不用每隔幾秒便瞄一次歌譜時，才能全心全意地投入歌曲中。湯普頓曾說，他事先曾深入研究過麥可的個人曲風，增加許多短音，以活躍俐落的旋律配合麥可強勁有力的唱功。

放膽嘗試結合慾望與感官的音樂

從〈Don't Stop 'Til You Get Enough〉（這是麥可在廚房裡創作出來的歌）開始令人愉快的幾秒鐘，你就能聽出歌中神奇的魔力。他的第一首單曲，混入了迪斯可節奏（也許是受到比吉斯 [Bee Gees] 令人回味無窮的《週末夜狂熱》[Saturday Night Fever] 這張原聲帶的影響）以及澎湃熱情、大吼大叫。傑克森已經夠

勇敢，想放膽玩一些其他歌手不敢玩的嘗試。據說，他母親發現這些都是小孩子對色情的聯想，而昆西以正確的方式引導他。「摩城旗下歌手唱歌的格調都太高，連史提夫汪達也不例外。」這位製作人強調，「我要感覺傑克森全部的音域；我要他去處理一些成人的話題。」性與音樂並不是什麼新鮮組合，但這首歌混合著慾望與強烈的感官表現，在艾爾格林（Al Green）、詹姆斯布朗和馬文蓋的歌中是無法聽到的。瓊斯的弦樂完美地與鼓聲交織；音樂攫住了你，讓你不得不被它吸引，你的身體不由自主地隨之擺動。作家尼爾遜喬治（Nelson George）在2004年表示，「傑克森在錄音室表現出來的偉大之處，應該始於這首曲子的製作階段。經過精心安排層次豐富的鼓聲和合聲，在舞池中營造出戲劇和狂喜的效果，在二十一世紀的派對上依然讓人High翻天。」

泣不成聲地詮釋
〈She's Out Of My Life〉

〈Rock With You〉這首歌有流暢優美的靈魂搖擺樂的曲風。四分之一個世紀之後，賈斯汀提姆布萊克（Justin Timberlake）從整張專輯汲取靈感，做為自己創作的依據。專輯主打歌〈牆外〉是首釋放迪斯可精神、揮灑自如的放克聖歌。「拋開你朝九晚五的生活，」他唱道，「好好享受你自己。」他負責譜曲的〈Workin' Day And Night〉，注入比流行歌曲創作之王麥卡尼的〈Girlfriend〉更激烈的情感，為另一首迪斯可熱門舞曲。〈She's Out Of My Life〉經過重新改編為抒情歌曲。瓊斯對《時代雜誌》說，「湯米巴勒（Tommy Bahlor）在歌中描寫結局令人遺憾的婚姻，我本想把它留給辛納屈，但還是和麥可一起完成它。我當時不覺得他能詮釋這麼深刻的情感。我們每次錄音的時候，他都泣不成聲。每次都是如此。於是我決定在原聲帶中保留麥可的啜泣聲，因為它非常真實。」尼爾遜喬治也稱讚過這首歌，「它如法蘭克辛納屈的〈My Way〉一樣，成為麥可的註冊商標。也許是他在這首情歌流露深厚的情感，以至於『脆弱容易受傷』成為人們對麥可這號人物的既定印象。」

有人猜測麥可寫這首歌是要獻給泰妲歐尼爾（Tatum

| 最上方 | 1976年流行音樂天王與拳王阿里、阿里的妻子薇若妮卡阿里會面。

| 上圖 | 傑克森身穿白色小禮服在現場與觀眾互動。

| 右圖 | 麥可於1978年拍攝的沙龍照。

「跳舞時，我覺得我的靈魂騰空飛舞」

　　美中不足的是，他那年積極排練舞步時不慎摔斷鼻子，動了手術。手術結果不盡理想：他抱怨呼吸困難，影響唱歌。接下來又做了鼻子整型及更多手術，這成了他開始走下坡的起點。母親凱薩琳也很擔心，「他變得不愛說話，」她說，「他小時候沒有這麼安靜。我認為是舞台生涯所致。他所到之處，人人都搶著一睹麥可傑克森的廬山真面目。他曾說覺得自己好像籠子裡的動物。」麥可曾在訪問中一再提到，和日常與人互動相比，他在舞台上比較快樂自在。有個記者問他是否想像過自己退出歌壇的那一天，他忽然笑了起來，「喔，不！一直要到夠了才停止（Don't stop 'til you get enough）！」這段時間，摩城重新發行他舊作中一首抒情歌曲〈One Day In Your Life〉，這首歌在1981年6月令人跌破眼鏡的登上英國暢銷排行榜冠軍。

　　有個專業舞者提到麥可肢體的靈敏：「從他結合各種動作的自創舞步中可以看出，他真的是一位藝術家。旋轉、停頓、抬腿、拉開夾克、轉身、定立，他在腳步後推的同時又滑步向前，旋轉三次瞬間彈出腳趾。這是他的招牌動作，這是大多數頂尖專業舞者不會嘗試的舞步。如果跳錯了，可能會傷到自己。」麥可公開宣布說，「跳舞的時候，我覺得被某種神性的東西感動。在那些時刻，我覺得我的靈魂騰空飛舞，和所有存在的事物合而為一。我成為星星和月亮，我成為愛人及被愛的人。」

寂寞的童星變成了一位寂寞的成年巨星

　　麥可繼續經歷連自己都無法掌控的改變。他與家人之間的關係越來越緊張。1979年8月滿二十一歲時，他大膽地解僱了經紀人喬傑克森。聘請律師約翰布蘭卡（John Branca）取代喬的位置，並告訴喬他要成為樂壇「最出名最富裕」的巨星。他惋惜《牆外》沒有獲得預期的掌聲，說它「沒有獲得『年度最佳專輯』是非常不公平的事，這種事不會再發生了。」他也對當時種族歧視的現象感到挫敗。1980年他接受《滾石雜誌》封面故事專訪，這個決定對事實並沒有幫助，他很難過的說，「很多人不斷對我說，黑人一旦登上封

O'Neal），報導曾說這位年輕女演員是他的第一任女友，當時他才十七歲，她年紀更小。做為雷恩歐尼爾（Ryan O'Neal）的女兒也經歷過童星生涯的起起伏伏。麥可解釋這段關係只是純友誼，肉體的親密接觸讓他「恐懼害怕」。「我真的很愛她，」他回憶道，「但我不認為自己對她提到的那些事已經準備好了。」麥可在這個時期常與成年人周旋。從照片可看出他當時參加在紐約54 Studio俱樂部舉辦的派對，出席的有各界名人如麗莎明妮莉（Liza Minnelli）、碧安卡賈格（Bianca Jagger）、伍迪艾倫和「史密斯飛船」的主唱史蒂芬泰勒（Steven Tyler）。

| 左圖 | 1981年演唱會現場。

| 右圖 | 1981年演唱會上熱情
狂野的觀眾。

| 下圖 | 1981年9月在洛杉磯與
「傑克森家族」合唱
團一起表演。

面，雜誌就沒有銷路。但是等著瞧，有一天那些雜誌都會來求我接受訪問。也許我該給他們一個機會，也搞不好我不願意這麼做。」

麥可獨自一人的時候，常覺得鬱卒，這個年輕歌手顯然發現，成為一個國際超級巨星得承受日久俱增的壓力，他不知該如何是好。寂寞的童星變成了一位寂寞的成年巨星。

「就算待在家裡，我也覺得寂寞，」他坦承，「我有時候一個人坐在房間裡哭。很難交到朋友……晚上偶爾在家附近溜達，希望找個人說說話。但最後還是孤伶伶的回家。」

不滿《牆外》受到葛萊美獎的漠視

《牆外》在全世界掀起熱潮，銷售打破了前所未有的紀錄。並獲得全美音樂獎最受歡迎靈魂／節奏藍調專輯、最受歡迎靈魂／節奏藍調男藝人及最受歡迎靈魂／節奏藍調單曲（〈Don't Stop 'Til You Get Enough〉），但它意外的只獲得一座葛萊美獎（麥可自七○年代初第一次獲獎），最佳節奏藍調男藝人，以及英國告示牌音樂獎最佳黑人藝人及最佳黑人專輯。葛萊美獎對外宣稱他們下次會彌補他們的疏失。

（2008年他們正式將這張專輯列入葛萊美獎名人堂。）他們對這張專輯的漠視惹惱了充滿抱負的傑克森。「這張專輯得到這種待遇讓我很不滿。」他說，

「我說，下一張專輯，我絕對要他們不得不注意到我。我下定決心這麼做。」輕盈、傾斜、靈活的招牌動作，與比吉斯一起在後摩城時代聚集所有迪斯可舞廳鏡球的照射，嘔心瀝血製作的《牆外》當之無愧的能包下所有大獎。（傑克森在家中也展現他鋼鐵般的意志。他接管家族在恩西諾的莊園，翻修成仿都鐸王朝建築的豪宅，另附一座迷你複製版的迪士尼樂園美

國大街，現在成了無數動物閒晃的地方。）

《牆外》在音樂史上受到肯定

《牆外》在音樂史上的地位受到肯定。2003年《滾石雜誌》將它列為史上最偉大的專輯之一。「這張專輯證明他是位才華洋溢的藝術家，憑自己的實力成為閃亮的巨星。」史蒂芬湯瑪士厄爾文（Stephen Thomas Erlewine）在《音樂時代》寫道，「這是張夢幻專輯，它找到一種方式突破了迪斯可的疆界，進入一個以節奏動人心魄的新世界。」其他的樂評稱讚他為具有「讓人無法呼吸的夢幻樂曲」的「令人目眩神迷的天才歌者」。《滾石雜誌》將他與同樣由童星轉型為成熟表演者的史提夫汪達相提並論。說他「如羽毛般輕盈的男高音格外出色，真假音的轉換既流暢又漂亮，是相當大膽的嘗試。」傑克森的進步有目共睹，英國《旋律創作者》的菲爾麥可尼爾（Phil McNeil）稱他「在風格和演唱技巧上，或許是有史以來最傑出的歌手。」新興流行音樂雜誌《Blender》強調它是「一張空前的派對LP，超越了放克，看到舞曲音樂的未來，

| 最上方 | 傑克森的形象轉變。林恩歌德史密斯（Lynn Goldsmith）攝於1979年。

| 上圖 | 與〈四海一家〉的共同創作者及終身不渝的摯友萊諾李奇合影。

| 右圖 | 麥可在現場演唱的全神貫注。

「我從沒見過一個像麥可這樣的人。他是個善於表達情感的童星,而且收放得宜。」
史蒂芬史匹柏說。

| 左圖 |《牆外》使麥可成為超級巨星。

| 下圖 | 1981年與黛安娜羅絲在全美音樂獎頒獎典禮合影。

| 右圖 | 1984年安迪沃荷為麥可傑克森創作的肖像。

超越了靈魂樂抒情歌,直抵感動人心的未來——事實上,它更超越了節奏藍調,直抵趨勢尚未明朗化的流行音樂。」無論在錄音室或舞台發生了什麼事,麥可都如傳記作家藍道塔博雷利(J. Randall Tarborrelli)所描述的「盡情享受」唱歌。

雙重人格

「他是世上僅存最純真無邪的人。他的生活完全受到限制。」著名的電影導演史蒂芬史匹柏曾這樣形容他的朋友,「我從沒見過一個像麥可這樣的人。他是個善於表達情感的童星,而且收放得宜。他晚期的表現偶有不定,但他所做的每一件事都經過有意識的考量。他在工作上做了很多明智的決定。他顯然有雙重人格。」

麥可與昆西瓊斯接下來九年的合作締造更豐碩的成果。相較於麥可捲土重來、改造形象、引領風騷、徹底轉變、性格莫測和不斷玩新把戲這高潮迭起的一生,《牆外》這張專輯在某種程度上,只是他令人好奇的人生另一個開端。他從來不隱藏希望成為娛樂界名人的心願,1982年,他與昆西再度聯手打造下一張鉅作,並公開宣稱那就是他夢寐以求的目標。

男孩真的如願以償了。

Chapter 4

顫慄 THRILLER

「我們有最優秀的團隊、一群音樂天才和了
不起的點子。」麥可傑克森難得低調地表示，
「我知道我們無所不能。《顫慄》的成功，讓
我實現了許多夢想。」這張四十二分鐘的專
輯，改變了人們看待音樂、與音樂共處以及談
論音樂的方式。

每一首歌都是暢銷單曲的專輯

巨大的轉變始於1982年8月下旬。二十三歲的麥可進入洛杉磯比佛利大道的西湖錄音室A室——《牆外》許多歌曲都是在此完成——錄製新專輯。《牆外》奠定了他成為節奏藍調歌手的地位，這張新專輯則將他的星途推上前所未有的高峰。麥可雄心萬丈，當所有人對他的表現讚譽有加時，他仍對《牆外》未能登峰造極感到失望。他自負、怕羞，心懷強烈的渴望。他痛恨媒體詆毀他鍥而不捨追逐的名聲。他氣憤他的家人無所不用其極的守住他這隻金雞母，於是他獨攬自己的事業並親自經營。儘管唱片界不景氣，但他期待所有與「麥可傑克森」相關的一切更燦爛輝煌。他想打造一個叱吒風雲的流行樂壇巨人。

「我想製作一張每一首歌都是暢銷單曲的專輯，」他說，「為什麼要有『主打歌』？為什麼不能每首歌都一樣精采，讓歌迷把它當單曲買回家？」錄音前，他表達他的願望，「下一張專輯一定比這張棒三倍。

它不能只是夠好而已，這樣表示更遜色。我們花了很多時間讓它達到我們的目標。我是個完美主義者。我會為此努力不懈，一直做到我掛掉為止。」

老經驗的昆西瓊斯強調，「市場在變，你不能指望這張專輯能達到《牆外》一樣的成功。」但麥可心意已決，他的眼光落定目標。他和昆西在選歌上比前一張專輯更審慎，從數百首佳作中選出最上乘之作，期間發生無數激烈的爭辯。「幾乎是整張專輯又重頭來過。」昆西說。據說為了確保專輯製作的品質，他們甚至因〈Billie Jean〉起爭執。傑克森喜歡貝斯音線及逐漸延伸的前奏；瓊斯覺得它過於耽溺。「〈Billie Jean〉的間奏太長了，可以縮短一點，」製作人說，「我說，『這樣整首曲子的旋律會比較輕快，』他說，『但那一段遲滯，就是讓我想要跳舞的關鍵！』當麥可傑克森告訴你什麼讓他想跳舞的時候，其他的人就得乖乖閉嘴。」

「我從沒看過昆西這麼投入，從來沒有過，」錄音工程師布魯斯史威狄恩（Bruce Swedien）說，「第一

天錄音，他告訴大家，『各位，我們在這裡是為了要拯救唱片界。』」律師兼事業顧問約翰布蘭卡強調麥可求好心切。「昆西在專輯製作上功不可沒。但你若聽過〈Billie Jean〉和〈Beat It〉的試聽帶，會發現麥可才是真正的主導者。」傑克森提到自己在音樂上無可救藥的龜毛。「我們在錄音室裡耗了很長的時間，一天十八個小時。睡在沙發上，醒來混幾段音，又回去睡……」

「他當時埋頭苦幹，似乎連命都可以不要了。」瓊斯說。

創下音樂史上單週銷售一百萬張的紀錄

這張鉅作以驚人的速度在三個月內錄製完畢，趕在同年11月30日聖誕節檔期前發行。傑克森與保羅麥卡尼合唱的單曲〈The Girl Is Mine〉在10月中搶先推出讓人大感意外，當時整張專輯還在混音。麥卡尼說，「麥可在聖誕節那天打電話給我，我不敢相信是他。我最後說，『真的是你嗎？』他在電話裡笑了，『你沒想到是我吧？』」然而好景不常，之後十年，兩人友誼決裂，不相來往。

CBS執行長拉金阿諾德（Larkin Arnold）回憶他當時對這張專輯的焦慮。「第一次的混音聽起來糟透了。昆西說，『我不能拿這個交差了事。我們已經全部重錄，十天後我帶新的作品給你聽。』這話教人不安，但他做到了。」它如尼爾遜喬治所說的「節奏活潑，編曲清晰輕快，沒有一絲瑕疵。」

專輯甫推出立刻大受歡迎，但直到隔年春天才急速竄紅。1983年2月，它登上英國告示牌排行榜冠軍——當時它正朝音樂史上最暢銷專輯的成功之路邁進——不可思議的蟬聯三十七週冠軍（之後又屢次返回榜首）。如麥可所預期，專輯中七首單曲都進入排行榜前十名。1982到1986年期間，麥可賺進七億美金。這張專輯創下音樂史上首次單張專輯在單週銷售一百萬張的紀錄。麥可終於如願以償地得到葛萊美獎的青睞，1984年破天荒的贏得八個獎項。意義更深遠的是，這些歌曲分屬三種不同類型：流行音樂、節奏藍調和搖滾樂。

麥可搖身成為流行樂壇的偶像，同時也樹立了許多

他個人的註冊商標。不僅是暢銷歌曲，還有結合舞蹈與音樂的MV等首開風氣的作品。他在這兩個領域上為流行音樂寫下了嶄新的一頁。

超自然現象與偏執狂的妄念

樂評家文森阿勒提（Vincent Aletti）在《村聲》評道，「《顫慄》這張專輯裡，麥可開始揭開他天真無邪的閃亮帷幔——它是一種不真實的魔力——瞥見更黑暗更深層的事物。一旦帷幔被扯下來，會看到非常驚人的景象。」

在它席捲全球並造成風潮以前，我們先來看看這張專輯。它在《牆外》靈巧的聲音中增加幾小段搖滾樂和重迪斯可的裝飾滑音，它的主題多黑暗晦澀，涉及超自然現象與偏執狂的妄念。除了透露出麥可對三流恐怖片的喜好，也能感受出他內心潛在的不安，以及他對於自己一直成為群眾注意的焦點而引發妄想的神經質。專輯中有四首歌是他的創作（〈Billie Jean〉、〈Beat It〉、〈Wanna Be Startin' Something〉和〈The Girl Is Mine〉）。有人說他寫歌不用紙筆，而是用錄音機將口述文字及哼唱的旋律錄在卡帶裡。僅七十五萬美金的製作預算，讓他背負很大的壓力（何況他還指望專輯要暢銷）。

與麥卡尼合唱的單曲〈The Girl Is Mine〉，描述兩個男人因同時愛上一個女孩而引發爭執，被某些觀察家批評這首歌有討好白人的意味，導致歌迷反應不甚熱絡。好在第二首單曲〈Billie Jean〉發行後一炮而紅。從那時起，所有的事情都扶搖直上，麥可的MV以及電視曝光，無一不是全世界話題的焦點。他豐富多元的曲風打破了種族的藩籬。他受邀到白宮見雷根總統，引薦「月球漫步」舞步，推出震驚世人的力作《顫慄》MV，甫成立的MTV台也搭上了這班順風車。

一切都始於這張專輯，連著名的軟性搖滾樂團「托托」（Toto）也為專輯跨刀（〈Hold The Line〉、〈Africa〉和〈Rosanna〉都是這個樂團為人熟知的歌曲）。瓊斯力邀他精心挑選的優秀音樂家加入，但他和傑克森都太重視這次的作品，兩人經常發生口角，他們只有不斷混音再混音，繼續這項艱鉅的工程。麥可有時錄到一半會情緒失控，揚言要將整張專輯作

｜左圖｜〈Billie Jean〉：另一支將麥可塑造為偶像的MV。

｜右圖｜麥可和《顫慄》製作人昆西瓊斯出席葛萊美獎頒獎晚會。

廢。他拚了命想做到這張專輯「每首曲子都令人驚豔」。

〈Billie Jean〉要你去「感覺它」

在〈Billie Jean〉中，路易士強森（Louis Johnson）華麗的貝斯演奏攝人心魄，對麥可意義重大，他這次大膽的處理與跟蹤狂歌迷相關的話題。最令人匪夷所思的是，有個女人堅稱麥可是她孩子的父親，但他否認。「她說我是她的唯一／但孩子真的不是我兒子。」昆西說，「據麥可說，〈Billie Jean〉是關於一個女孩翻牆進他家。他有一天早上醒來，她穿著泳裝躺在游泳池邊搔首弄姿。她如跟蹤狂一樣侵入他家，並聲稱麥可是她孩子的父親……！」這首歌從很早就預示，麥可擔心成名為他帶來的詛咒，也許不亞於得到的祝福。海溫赫斯特附近總是有許多流連不去的歌迷。

〈Billie Jean〉的MV令人永遠難忘。麥可以一種新的方式將他的音樂介紹給大眾，開創了MV的新世紀，最終目的是要以影像結合歌曲，深深烙印在人們腦海裡。〈Billie Jean〉推出以前，MTV台只播白人歌手

的歌。麥可扭轉了整個情勢。「他完全定義了MV的年代。」Sony音樂後來的總裁湯米摩托拉（Tommy Mottola）說，「他在MV界的創舉可說空前絕後，將MV推到流行文化的最前線。」在麥可之後，流行歌曲若不隨片發行MV，就很難讓人留下印象。〈Billie Jean〉這支MV最重要的地方在於它並不怎麼炫，是麥可的演出將劇情逐漸帶入高潮。他昂首闊步、精神抖擻的跳舞，腳下的石頭一踩便亮出綠光。他闊步前行、轉身，以身體律動表現節拍和潛在的情緒，他要你去「感覺它」。儘管這張專輯有許多勁敵，這首歌是他寫過的歌曲中最出色的一首。法蘭茲費迪南（Franz Ferdinand）樂團主唱艾立克斯卡帕諾斯（Alex Kapranos）說，「這首曲子中貝斯音線是一流的。」

關於〈Billie Jean〉，有傳聞說歌詞中的女孩是指八〇年代流行音樂巨星寶拉阿巴杜（Paula Abdul），也是「千禧年代電視台」當紅女星。她與麥可的哥哥傑基之間曾有一段情。身為編舞者的她似乎不需藉此炒作知名度，但沒多久她就推出〈Straight Up〉、〈Opposites Attract〉和〈Rush Rush〉幾首單曲，之後與珍娜傑克森（Janet Jackson）合作密切，在她的MV

中演出。

〈Beat It〉展現搖滾精神

〈Beat It〉也引起熱烈的討論。傑克森和瓊斯希望專輯裡能有一首搖滾歌，讓麥可打入白人搖滾樂迷的市場。范海倫樂團（Van Halen）的吉他之神艾迪范海倫（Eddie Van Halen）表演一段精采的吉他獨奏。這位音樂家錄製這首歌曲分文未取，「范海倫樂團所有的成員都住在城外，我心想：誰會知道我在這個年輕人的唱片中演奏呢？我不是免費幫忙，我在盤算：也許麥可哪天可以為我上一堂舞蹈課。後來，樂團的其他成員和我的經紀人都認為我是個大傻瓜！」瓊斯回憶，「我打電話給艾迪請他表演一段獨奏。我說，『我不告訴你要演奏什麼，我請你來就是因為你演奏的風格。』所以他使出渾身解數。」

這首歌指明要向經典音樂劇《西城故事》和劇中兩派人馬對峙的經典畫面致敬。麥可說，「它的重點在於，沒有人一定得當硬漢，你就算避開一場打鬥，依然還是男人。你不需要拚死去證明你是個男人。」

錄製〈Beat It〉期間，錄放裝置的喇叭燒掉了，它無疑在向錄音設備證明它搖滾的精神。「煙從牆裡冒了出來。」助理工程師麥特佛吉爾（Matt Forger）回憶當時的情況。「我在這行待了四十年，從來沒見過這種事。」昆西笑著表示。麥可在影片穿的紅色夾克，立刻變成八〇年代流行的象徵。這部迷你版電影不斷重申一個訊息：逃走比硬幹更聰明。麥可在劇中以舞蹈引導幫派混混化解一場騷動。「我想寫一種萬一我想買搖滾歌時會願意掏腰包買下的歌。」傑克森說。

成熟大人風格的嗓音

〈Wanna Be Startin' Something〉是幾年前就完成的作品，它讓麥可在《牆外》及「傑克森家族」最佳單曲中爐火純青的歌聲更加火熱。貝斯和節奏自然奔放，非洲斯瓦希里語的吟誦將整首歌曲帶至高潮，在力度和音域上都相當動人心魄。瓊斯說服傑克森用卡紙捲成的圓筒演唱，加錄一些別出心裁的音效。麥可批評媒體八卦，他常常得在專輯發行後又重新面對這

「也許麥可哪天可以為我上一堂舞蹈課。」傳奇吉他手艾迪范海倫。

| 上圖 | 鎂光燈下的葛萊美獎得主：麥可幾乎抱走所有獎項。

| 右圖 | 與女明星布魯克雪德絲外出約會，攝於1984年紐約。

個問題。這是可以理解的。他不多做辯解，就當自己是自助餐裡讓歌迷可以吃到飽的「一種蔬菜」。麥可與約翰貝提司（John Bettis）合寫的〈Human Nature〉是一首優美、悵惘、自我省思的歌。麥可聲音輕柔愉悅的哼唱，「看外面的早晨／城市的心臟開始跳動／我伸手輕撫妳的肩膀／夢見了街上……」他的嗓音散發前所未有的魅力。他現在是「成熟大人的風格」了。《滾石雜誌》說，「歌聲中流露淡淡的哀愁。」史提夫汪達告訴《時代雜誌》當他第一次聽到這首歌時，「我當時在昆西家裡聽到這首歌，我們不禁跳起舞來──真的非常迷人！」另一首湯普頓作曲的〈Lady In My Life〉是首熱情、性感的情歌。大爆冷門的單曲〈P.Y.T.〉（Pretty Young Thing）是詹姆斯殷格朗（James Ingram）和昆西瓊斯合寫的作品，也是一首動聽的節奏藍調佳曲。

「我想變成一個怪物，可以嗎？」

恐怖片單曲〈顫慄〉是英國克利索普斯（Cleethorpes）的鬼才洛德湯普頓的作品，他最初屬意的歌名是 Midnight Man 或 Starlight，最後選定〈顫慄〉，認為它將引起空前絕後的共鳴，做為專輯主打歌也許有助於宣傳。〈顫慄〉運用恐怖電影的元素、音效和發抖的人聲──混入雷聲、強風聲、腳步聲、門咯吱咯吱聲和狗的嚎叫──營造出他們所要的緊張危險與戲劇性的氛圍。文森普萊斯（Vincent Price）的旁白有畫龍點睛之效。「洛德做得太好了，」瓊斯笑道。「我在他赴錄音室的途中打電話給他，他打算加入愛倫坡（Edgar Allen Poe）這段精采文字。」湯普頓回憶，「我在寫這首歌時，一直想在中間加入一段文字敘述，但不確定該怎麼處理。我當時想找一個在驚悚片裡大家耳熟能詳的聲音來錄這段旁白。昆西太太認識文森普萊斯，建議我打電話給他。到錄音室的途中，我在計程車後座改了幾句台詞。」湯普頓抵達錄音室時看見普萊斯走出他的長禮車。湯普頓要求司機繞到後面去，爭取一些時間，然後請祕書在把台詞交給這位「恐怖片大師」前先影印一份。「文森拿著台詞坐下來，錄了兩次就大功告成。」某些報導說普萊斯（傑克森十一歲的時候就已經認識他了）的酬勞是

兩萬美金。他雖然曾經得過金唱片，但版稅的收入可能更讓他滿意。為了媒體宣傳而提高預算，片長十三分鐘四十三秒、精心製作的《顫慄》MV，斥資將近一百萬美金，在當時是製作成本最高昂的MV。1983年12月2日首映，它是部迷你版恐怖片，諷刺中透露驚悚，由曾拍攝麥可最喜歡的電影《美國狼人在倫敦》的約翰藍迪斯（John Landis）執導。「我想變成一個怪物，」麥可對藍迪斯說，「可以嗎？」文森普萊斯的旁白掀起高潮的序幕，幽靈鬼怪一一現身、手舞足蹈的活屍登場、一臉恐怖裝扮的麥可站在最前面。昆西瓊斯說，「它成了一件大事。」

《顫慄》MV是二十世紀劃時代的創舉

「我知道我想拍一部短片。」麥可解釋。「有個

「你是個了不起的舞者。」佛雷亞斯坦對麥可傑克森說。

傢伙出去約會，然後向女友坦承他不同於一般人。」此時，麥可還是原來的麥可。但這個傢伙，起碼在女孩的夢裡，是個狼人。「我想要變形，變成不同的樣子。」儘管花了天價請來導演，約翰布蘭卡記得，麥可還是特別要求藍迪斯。「對麥可來說，除了事業和名氣，其他什麼都不重要。」一位音樂界大老說，「他每一次從事的新探險，一定要搞得比迪士尼樂園更轟動。」這次冒險如果是一場賭局，它便是以雷霆萬鈞之勢大獲全勝。《顫慄》MV成為二十世紀藝術與商業界的重要里程碑。

這些狼人與殭屍就如麥可所期望的一樣驚悚駭人。好萊塢特殊化妝效果的傳奇人物芮克巴可（Rick Baker）回想，「麥可非常害羞。藍迪斯第一次過來拍我們幫麥可化妝的畫面時，麥可很緊張地跑開，躲在浴室裡。」在片中飾演女友、曾是《花花公子》雜誌模特兒的歐拉瑞（Ola Ray）笑說她當時故意逗他，「我說我要當他的女朋友。他好可愛，像個小孩，一點也不像後來的麥可。他喜歡玩鬧、追著我跑，不然就從牆後忽然跳出來。」著名的舞蹈場景是在紐約曼哈頓洛克斐勒中心的地鐵站裡拍的。

應麥可的要求，MV在電影院的大銀幕首映。「真是太驚人了。」藍迪斯說。黛安娜羅絲和華倫比提都坐在觀眾席裡，現場眾星雲集全都起立熱烈鼓掌，一直喊安可。藍迪斯解釋，沒別的東西可以給他們看了。「那就再來一次！」艾迪墨菲大喊。於是他們又放映了一次。

「月球漫步」登場

未來的流行音樂天王成為帶動MV新風潮的重要推手，令人意外的是，他並沒有為《顫慄》進行任何巡迴演出。不過，麥可卻藉著一次登台演出的機會，將他的知名度和《顫慄》時代大舉推上另一個顛峰。NBC在1983年3月25日製作一個特別節目慶祝摩城二十五週年。《顫慄》是當時最棒、似乎也永遠都是最了不起的一張專輯。麥可受邀和兄弟們在節目中一起表演組曲，吸引了四千七百萬名觀眾爭睹風采。摩城這些年在製作品質和銷售上大不如以往，但精明的貝瑞高迪再清楚不過，這是個很大的宣傳點。他以

「鐮狀細胞性貧血病患慈善義演」為名義,成功的集聚過去告別摩城的巨星。麥可再度與他的兄弟們攜手合作。黛安娜羅絲、至上合唱團、馬文蓋、四頂尖合唱團、史提夫汪達、瑪莎芮芙斯(Martha Reeves),當然還有傑克森家族,這些紅極一時的巨星在加州帕薩迪納市政大劇院再度團聚。

麥可,是讓人永遠忘不了的這個夜晚的主角。為了幫傑克森家族發行的專輯《Victory》(其中麥可與米克傑格 [Mick Jagger])演唱〈State Of Shock〉)加油打氣,他允諾與他們一起全美巡迴演出,不過,他的心已經離開了。他知道他得與這個團體分道揚鑣,因為他們都長大成人,但他又答應與他們在晚會中一起唱組曲,條件是在演出中他要表演一段獨唱。他為

〈Billie Jean〉安排一個特別的計畫,準備在那晚介紹他的「月球漫步」(moonwalk)。

當他的兄弟們在舞台上表演混合組曲,以一首〈I'll Be There〉將全場氣氛炒到最高潮時,穿著閃亮藍夾克、手戴一隻白手套、過短的黑色長褲下露出一截白襪的麥可,手裡拿一頂呢帽現身,跳起觀眾看不懂的舞步,動作優雅流暢。舞步戲劇性的忽而靜止,又如閃電般繼續移動。傑克森出神入化的舞技,讓老摩城的天王巨星們都歎為觀止。

對於新的一代,「月球漫步」登場就如貓王搖動骨盆,如披頭四甩著拖把頭一樣是歷史性的一刻。嚴格說來,「發明」這個舞步不是麥可。老明星佛雷亞斯坦(Fred Astaire)、凱布卡拉威(Cab Calloway)、馬歇馬叟都曾經製造出這種往後漂浮的意象,1982 年迪斯可樂團「夏拉瑪爾」(Shalamar)的傑弗里丹尼爾(Jeffrey Daniel)也在英國超人氣電視節目《流行音樂排行榜》中展現類似的舞步。據說麥可在《靈魂列車》中見識到這個舞步之後,請求丹尼爾教他。然而,傑克森用他的方式發揚光大。他的表演藝術運用了魔術師的手法。演出隔天,偉大的佛雷亞斯坦親自致電向麥可道賀,「你是個了不起的舞者。年輕人,昨晚你真的讓他們都看傻了眼。你的腳有強烈的表演欲望。我也是這樣。」不久,麥可到亞斯坦比佛利山莊的家中,教這位八十四歲的老先生跳月球漫步。(麥可後來將自傳《月球漫步》獻給亞斯坦)。麥可的另一位英雄,電影《萬花嬉春》的巨星金凱利也對他的表演讚不絕口。從那天起,學校校園忽然隨處可見小孩子打扮得像傑克森,模仿他的舞步,稱他為「戴一隻手套的人」。《顫慄》這張專輯的銷售在全世界一飛沖天,達到頂點。

為 美 國 音 樂 史 寫 下 嶄 新 的 一 頁

《娛樂周刊》讚揚,「一個情感脆弱的年輕人,

| 左圖 | 著名的月球漫步獲得佛雷亞斯坦和金凱利一致的推崇。

| 右圖 | 在與傑克森兄弟《Victory》巡迴演出後,麥可必須把焦點放在自己的作品上。

以憤怒的聲音、白手套和魔術鞋……拿起麥克風，開始為美國音樂史寫下嶄新的一頁……長嘯、嗚咽、旋轉，讓觀眾屏氣凝神、目不轉睛……讓樂壇不得不拋棄那些老掉牙的成功指標。」

「他在摩城二十五週年晚會上表演月球漫步造成轟動，」約翰布蘭卡回憶道，「專輯隔週的銷售量高達一百萬張。」總銷量已經破兩千五百萬張。「每個人都想像他一樣，」節奏藍調的名歌手阿肯（Akon）說。「非洲的人都快把他當神了。」讚譽傑克森為「傑出藝人暨偉大的舞者」的鮑勃格爾多夫爵士（Sir Bob Geldof）同年在哈林阿波羅劇院看到傑克森的現場表演。「他在呈現所有黑人音樂精髓的神聖殿堂，演唱〈Billie Jean〉並表演月球漫步，真是令人歎為觀止的演出。全場都為之瘋狂。」

奪得八座葛萊美獎

這是一張意義重大的專輯，一個日益巨大的怪獸，吞下遠超過約翰藍迪斯和芮克巴可所能想像的一切事物。看到1983年〈Billie Jean〉、〈Beat It〉、〈Thriller〉、〈Wanna Be Startin' Something〉和〈Say Say Say〉（與麥卡尼合唱）盤踞暢銷單曲排行榜，以及1984年〈P.Y.T.〉意外大受歡迎，老摩城順勢重新發行麥可的舊歌〈Farewell My Summer Love〉。傑克森的心血獲得肯定。葛萊美獎這次一致通過，將1984年樂壇盛事的榮耀歸諸於麥可。他奪得八座獎項——其中一項「最佳兒童音樂專輯」是他為史蒂芬史匹柏的電影《外星人E.T.》跨刀製作的——打破1970年保羅賽門在賽門和葛芬柯的專輯《惡水上的大橋》獲得七座獎項的紀錄。

麥可身穿一襲軍裝戴飛行墨鏡，護送女星布魯克雪德絲和童星伊曼紐路易士（Emmanuel Lewis）參加頒獎典禮。他否認他和雪德絲有任何戀情，他說，「我是想幫助她復出。讓眾人看到她和我一起出現，對她來說是最好的宣傳。」布魯克雪德絲同意他的說法，「我們只是朋友。他人很好。但我們之間沒有戀情。」她又補充，「從前的童星不多。我們是好朋友，因為都能體會到對方在眾目睽睽下的生活有多不容易而惺惺相惜。」年幼的路易士說，「麥可是最好

的朋友。他溫柔體貼，不像其他人那麼粗魯。」尼爾戴蒙（Neil Diamond）恭喜麥可獲得他的偶像詹姆斯布朗和黛安娜羅絲從未企及的成功。

除了葛萊美獎之外，麥可還抱走八項全美音樂獎和三項MTV獎。1984年5月14日接受白宮的邀請，因致力於倡導反對濫用酒精和毒品的公共服務獲頒總統獎。（美國交通部長伊麗莎白朵爾 [Elizabeth Dole]）詢問麥可是否能將〈Beat It〉用在一系列反青少年酒駕的廣告中。）「那真是美好的一天，」約翰布蘭卡說，「雷根總統很帥。」第一夫人南茜說，「好特

| 左圖 | 麥可在倫敦探訪杜
莎夫人（Madame
Tussauds）之後，
吸引眾多仰慕的群
眾。

| 右圖 | 如星星般閃耀：
1984年麥可獲得葛
萊美獎。

別的人！一個看起來像個女孩的男孩，說起話來輕聲細語。他戴一隻手套，全程都戴墨鏡。我不太能理解。」根據報導，她當時還說，「誰知道有多少人要感謝麥可的啟發、影響力以及他的歌挽救了他們的生命？」

　　他獲頒好萊塢星光大道的名人之星，以另類的方式將這項殊榮歸於他的寵物。他在1983年說，「我喜歡動物，養了一隻美洲駝、兩隻鹿、一隻叫做泰德（Ted）的山羊以及各種種類的鳥和天鵝。還有一隻名叫『肌肉』（Muscles）的大蟒蛇。」（這條蛇激發他的靈感寫了一首獻給黛安娜羅絲的名曲）。「我認為大自然和動物為我的創作帶來很多靈感。我成功的主要原因都是源自於此。」（1985年之前麥可尚未飼養黑猩猩巴伯斯 [Bubbles]）。錄音工程師布魯斯史威狄恩為麥可打抱不平的說，「沒錯，他是養了一些動物。我們不也都為動物瘋狂。」他補充說，「沒錯，他是去整了鼻子。這種事在洛杉磯根本不足為奇。」

爆破意外造成頭皮二級灼傷

　　並非每件事都按照計畫發生。百事可樂以高價請麥

可拍廣告（儘管他不喝可樂），不顧保羅麥卡尼和凱薩琳赫本（Katharine Hepburn）說會損害他的形象。但在洛杉磯拍攝時，昂貴的煙火爆破效果出了差錯，導致他頭皮灼傷。曾為〈Beat It〉MV掌鏡的廣告片導演卜吉拉迪（Bob Giraldi）描述，當麥可以為火勢蔓延而想脫下夾克時，他馬上就察覺，「它還沒燒起來以前就熄滅了。」他斷言。但當時現場的滅火器已經出動，救援者不得不把麥可扭倒在地上。新聞媒體報導歇斯底里的大肆渲染，在麥可後半輩子仍是一件大事。麥可事發後赴醫院進行檢查，抵達醫院時被告知外面有許多電視台的攝影機在守候。他不愧是一名專業的表演者，考量到頭上的繃帶以及被聲稱從此毀了他頭皮的二級灼傷，他戴上白手套在擔架上揮手致意，讓自己更上鏡頭。輿論開始批評天王巨星拍攝百事可樂廣告，更別說他代言三年一千五百萬美金的酬勞。他被人指稱在攝影棚內耍大牌，一篇報導形容他的脾氣一來，就會尖酸刻薄地質疑別人。

　　怪異的行徑成為傑克森揮之不去的污名，但並不影響他的音樂、MV和發光發熱的魅力。他的名氣到達前所未有的顛峰。崇拜他的人不分種族，不分任何教條主義，他們都是有耳朵有眼睛的人。在麥可之前，

黑人的節奏藍調和白人的搖滾樂從未融合成全球性的流行音樂，過去沒有一位天王巨星做到，就算有人試過，效果顯然不彰。隨處有人模仿他的舞藝。沒有人以黑人或白人來界定他：他就是麥可傑克森，超越世俗一切的評斷。

他站在他的至高點。

與貓王、披頭四並列流行樂壇

「傑克森是自披頭四以來最了不起的傢伙，」《時代雜誌》宣稱，「他也是自貓王以來最熱門的單曲天王。他可能是有史以來最受歡迎的黑人歌手。」

「與他過去的專輯相比，他以新穎的觀點賦予《顫慄》更深刻的情感，為天才歌手的創作之途標示出另一座分水嶺。」《滾石雜誌》的克里斯康納利（Christopher Connelly）稱它是一張「興味盎然的黑膠唱片，蘊含痛苦和黑暗的訊息」。數篇評論則認為〈Human Nature〉中的喇叭若少一點，或許是專輯中最好的一首歌。美國重要樂評家羅伯克里斯高（Robert Christgau）將《顫慄》列為「經典」。儘管他個人不太欣賞〈The Girl Is Mine〉，但稱讚這首歌「透過廣播讓不同種族的人彼此相愛」。《時代雜誌》強調這張專輯發行一年後，「美國以及世界其他地方許多人的脈搏都開始不規則跳動，他們會隨著〈Billie Jean〉堅毅的闊步、〈Beat It〉瀝青般的旋律、〈顫慄〉的勁酷打著拍子。」

傑克森和他對當時的市場夠敏銳的團隊站在高處俯瞰這輝煌的一切。約翰布蘭卡聲稱，麥可高額的版稅迄今無人能及，這位天王巨星大約每賣出一張CD就能抽兩塊錢美金的利潤。據說，麥可每天打電話給他的事業夥伴，要求更進一步的宣傳促銷，並為《顫慄》最後終於降至排行榜第二名不禁大哭。MTV台出資拍攝的紀錄片《麥可傑克森顫慄之製作過程》（*The Making Of Thriller*），一個月內銷售逾五十萬支。這些銷售紀錄和行銷規畫，又塞飽麥可的荷包（每支帶子十二美金）。 昆西開玩笑地說，《顫慄》拯救了整個唱片界。《時代雜誌》寫道，「《顫慄》效應為1978年開始沒落的樂壇帶來了最好的一年……信心大振……」它讚揚傑克森是「唱片界、廣播界、搖滾

錄影帶界的天王巨星。他是整個產業的『單人救援隊』。他是決定十年內音樂節拍的詞曲創作者，是一個以最酷炫舞步風靡大街小巷的舞者，也是一位打破所有品味、曲風及膚色疆界的歌手。」

達爾文波特（Darwin Porter）寫的《傑克：關於他的崛起及沒落》（*Jacko：His Rise And Fall*）中描述一則軼事：麥可傑克森遇到老歌手法蘭克辛納屈，他為他的成功道賀，並告誡他幾句話。「年輕人，媒體今天造就了你，因為他們打算明天毀了你。你在演藝界會如日中天，然後被人遺忘。只有少數藝人能夠成

| 左圖 | 雷根總統和南茜夫人邀請穿著非常時尚的傑克森到白宮。

| 上圖 | 在百事可樂的夜間宣傳活動上跳月球漫步。

| 左圖 | 「傑克森家族」1984年在紐約麥迪遜廣場花園的巡迴演出。

| 上圖 | 與傳奇人物保羅麥卡尼合影，保羅是他的好友兼許多首歌的合作者。

功的東山再起。我是那個東山再起的人。坦白說，我本來預計你七〇年代就玩完了。但是哪料到《顫慄》出現了？」英國流行音樂雜誌《Smash Hits》的馬可艾倫（Mark Ellen）在1982年聖誕節的採訪——他最後在英國的採訪——麥可在電話裡表示，他一點也不喜歡恐怖片，「看完之後我睡不著覺。」說他喜歡看米高梅（MGM）的老電影，欣賞凱薩琳赫本和史賓塞屈賽（Spencer Tracy）等影星，就像我喜歡《外星人E.T.》一樣，」他說，「哪個人不想飛呢？」他公開承認喜歡披頭四（特別是〈Yesterday〉）、賽門與葛芬柯、艾爾頓強以及「亞當和螞蟻樂團」（Adam & The Ants）。「我仍和我的家人住在一起，」他說，「要是我搬出去，我會死於寂寞。此外，我完全沒辦法招架那些歌迷和工作人員，我會被團團圍住。」

史上最暢銷專輯

《顫慄》是八〇年代的象徵。1984年2月7日，它以「史上最暢銷專輯」正式被列入金氏世界紀錄。它連續八十週蟬聯暢銷排行榜榜首，也是美國1983和1984兩個年度最暢銷的專輯。英國的銷售超過四百萬張。直到今天，在排行榜上廣受歡迎的節奏藍調音樂基本上是從此開啟風潮。2003年它名列《滾石雜誌》史上最暢銷專輯排行榜第二十名，儘管許多歌迷對它的評價更高。2009年MTV Base和VH1兩家音樂電視台舉辦

的投票結果，它為MTV台成立以來最佳專輯。美國國會圖書館視它為「在文化上具有重大意義」的文物永久保存。

根據最新統計，全世界的銷售總額超過一億零九百萬張，證明了它無所不在。傑西傑克遜牧師（Rev. Jesse Jackson）看到這個數據之後，興奮地褒揚它有益於身心健康。「那些內容教唆吸毒嗑藥的專輯的銷量，沒有一張比得上《顫慄》，」他宣稱，「平民出身的藝人中，也沒有哪個人的名氣能超越麥可。」

但其實不然，八〇年代許多流行的事物後來逐漸變得可笑，最後淪為人們偶爾才想起的懷舊音樂。2001年重新灌錄發行的特別版本，將〈Billie Jean〉的試聽帶也收錄在專輯中。2008年為二十五週年而發行的紀念專輯上註明《顫慄25》，由新一代的歌迷如肯伊威斯特（Kanye West）、黑眼豆后菲姬樂團（Fergie of Black-Eyed Peas）團長威爾（will.i.am）和阿肯重新混音，加贈的DVD包含摩城二十五週年紀念特別節目中表演的月球漫步。這張重新發行的專輯在美國暢銷排行榜名列第二，英國排名第三，獲得十一個國家的金唱片。在2009年6月的悲劇發生後，《顫慄》又再度熱賣。

然而現在麥可傑克森仍是地球上活力最充沛也最出名的人。

這就是人們記憶中的他。

他正以月球漫步之姿來到更高的地方。

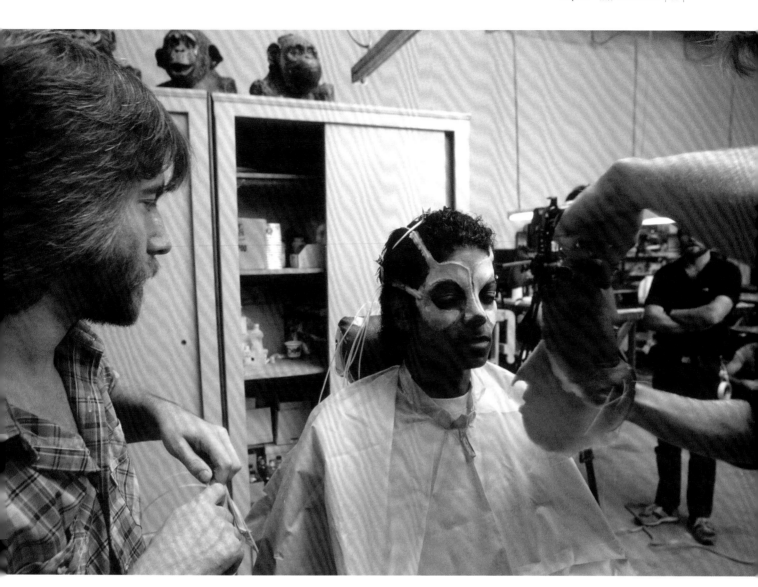

｜左圖｜專拍名流的知名攝影師道格拉斯柯克蘭（Douglas Kirkland）全程參與《顫慄》MV的拍攝。頁60-65的照片全出自他手。

｜上圖｜為了拍攝這部耗資五十萬美金、也是當時最昂貴的片子，麥可花上好幾個小時化妝成各種造型。

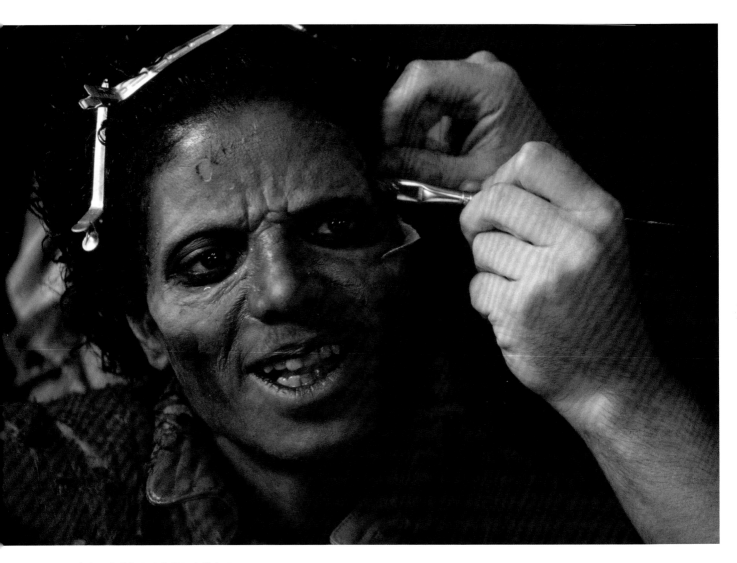

| 上圖 | 奧斯卡金像獎得主芮克巴
可幫麥可為MV中的造型化
妝。

|上圖│麥可在MV中假扮貓怪及殭屍，影片序幕指出：「基於個人的信仰，我要強調這部影片並不是在鼓吹神祕學。」

| 上圖 | 曾拍攝頗獲好評的《美國狼人在倫敦》導演約翰藍迪斯掌鏡《顫慄》。

| 右圖 | 這部片子奪得兩座葛萊美獎（1985年最佳長篇音樂錄影帶，以及1984年《麥可傑克森顫慄之製作過程》最佳錄影帶專輯），以及四項MTV獎。

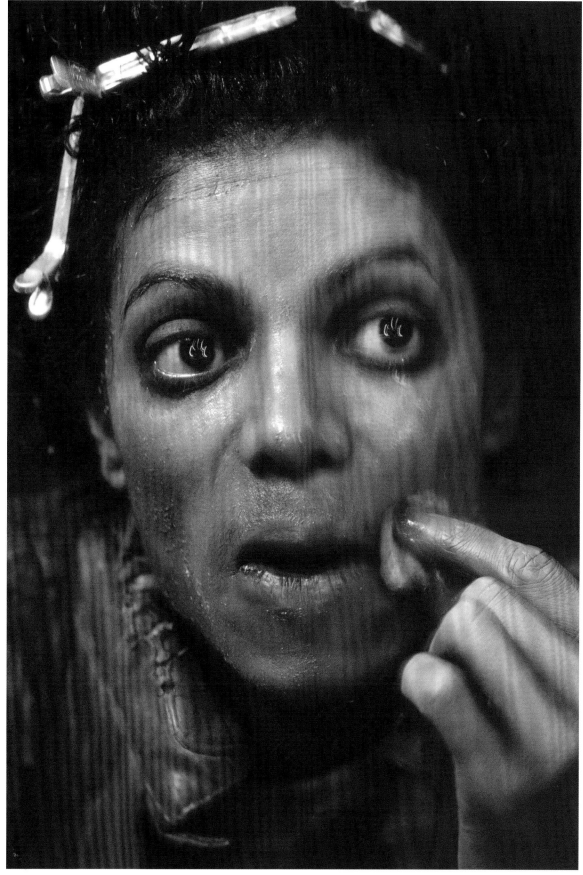

Chapter 5

飆 BAD

　　麥可於1985年收養巴伯斯，一隻從德州癌症臨床研究中心營救回來的三歲黑猩猩。他讓巴伯斯穿上和他一樣的軍人迷彩裝，帶著牠出席派對和記者會，並宣稱教牠跳月球漫步舞。也就是在這時，麥可讓人匪夷所思的行徑如他的音樂一樣受到眾所矚目，也引起諸多爭議。也許他玩過了頭。傑克森和他的團隊起初是為了宣傳活動造勢，但因概念過度膨脹而失去焦點。他在外觀上做了越來越多令人不安的改變，關於他想收購象人或瑪麗蓮夢露的遺骨以及他睡在氧氣艙裡的謠言傳得沸沸揚揚。

　　《顫慄》發行之後，他的膚色越來越淡。他堅稱自己罹患皮膚白斑病（vitiligo）導致色素病變，但某些媒體繪聲繪影的說他想將自己「漂白」。數年來整型手術的結果，他的鼻子更尖挺卻也越來越細，眼皮突起，嘴唇變薄，下巴突然多了一道裂口。有個論點說，「怪胎傑克」（Wacko Jacko）上了頭條新聞的那一刻，也就是傑克森開始一蹶不振的時候。

| 前頁 | 《飆》巡迴演出，傑克森展現堅毅不移的風采。

| 上圖 | 〈四海一家〉美國眾星雲集為非洲的勸募計畫獻唱。

| 左圖 | 麥可和黑猩猩巴伯斯合影。

| 右圖 | 麥可在《月球漫步》場景中演一名舞步精湛的罪犯。

〈四海一家〉

他站在世界的最頂端，俯瞰他所造成的轟動。1984年11月，他獲頒好萊塢星光大道的名人之星。不久，看到英雄鮑勃格爾多夫（Bob Geldof）靈機一動召集英國當紅藝人組成「Band Aid」共同灌錄單曲〈Do They Know It's Christmas?〉，為援助非洲饑民募得數百萬元，美國樂壇也不願落於人後，1985年1月麥可與萊諾李奇在提出這個想法後十二小時之內，合寫出〈四海一家〉（We Are The World）。幾乎全美當紅的歌手都被請到洛杉磯的錄音室錄音，並於全美音樂獎（頒獎典禮期間與之後）現場獻唱。大部分的人都到好萊塢參加頒獎典禮，沒有人希望被當成事不關己的旁簪

鬼。麥可快速地號召昆西瓊斯製作這首合唱曲。

參與的巨星有鮑伯狄倫、黛安娜羅絲、狄昂華維克（Dionne Warwick）、肯尼羅傑斯等人，要寫出一首能讓這些歌路迥異的歌手發揮自己特色的歌不是件容易的事，但〈四海一家〉成功的做到了。眾人輪唱完，橋段之後銜接副歌，麥可如天籟般莊嚴清亮的歌聲揚起，那震攝人心的一刻，凸顯他比其他歌者更非凡的氣勢。其中獨唱的歌者有：史提夫汪達、保羅賽門、蒂娜透娜、比利喬、威利尼爾森（Willie Nelson）、布魯斯史普林斯汀；傑克森家族成員、鮑勃格爾多夫、史摩基羅賓遜分唱幾句副歌。美國為了非洲（美國援非群星聯盟）錄製的這首單曲，成為全世界排名冠軍的歌曲，贏得一座葛萊美獎，募到五千萬美金。

哈利貝拉方提（Harry Belafonte）是促成這首歌和活動最主要的發起人，他將鮑勃格爾多夫的援非活動推廣至美國樂壇，昆西瓊斯把麥可和萊諾李奇錄製的試聽帶寄給許多歌手，呼籲所有的人「拋開自我，心存感激」。反應太過踴躍，不得不婉拒五十名想參與的樂壇巨星，其中包括積極參與對抗世界飢餓活動多年的鄉村歌手約翰丹佛（John Denver），以及選擇棄權的瑪丹娜。頒獎典禮結束之後，所有的歌手都搭長禮車前往錄音室，史普林斯汀則開他的大卡車。

瓊斯安排表演順序，他先將男女配對，以利於聽出他們的聲音是否相配。他原打算將麥可和王子（Prince）湊成對（以為這樣可以和緩兩人之間的競爭），但當天王子並沒有出現，於是麥可和老朋友黛安娜羅絲一起合唱。王子事後打電話給昆西瓊斯提議加入吉他演奏，但瓊斯表示不合適。這位來自明尼亞波利斯的年輕歌手顯然心裡過意不去，在之後錄製的專輯中貢獻了一首歌，並參與後來一系列的現場演出活動。據說鮑伯狄倫不敢在忙碌紛擾的錄音室裡演

唱，史提夫汪達以鋼琴幫助他克服障礙。當時這首歌的歌詞引發了一些爭議，然而「四海皆一家，我們是上帝的子民」是麥可最膾炙人口、也是寫得最好的歌詞。錄製期間，辛蒂露波（Cyndi Lauper）首飾的鎖忽然開啟，在橋段中能聽出細微的喀嚓聲，因此他們又重錄一次。

與保羅麥卡尼交惡

傑克森那年繼續展現他在事業上獨具的慧眼，他不顧朋友情面，比保羅麥卡尼和約翰藍儂的遺孀小野洋子出更高價，以四千七百五十萬美金買下披頭四的歌曲註冊和版權。這項聰明的投資策略使他成為英國聯合電視公司的音樂發行公司（ATV）音樂版權（Music Catalogue）的持有者，每年為他賺進七百萬英鎊的收入，但卻也得罪了過去的合作夥伴麥卡尼，兩人的關係交惡。對麥卡尼來說，傑克森偷走了他王冠上的珠寶，故意炫耀他是世界上最偉大／最富有的流行樂壇

巨星。

　　他後來與貓王的女兒麗莎瑪莉普萊斯里（Lisa-Marie Presley）交往也惹人非議，說他自大狂作祟，想藉此在流行音樂史上留名，獲得更多人的崇拜。麥卡尼和傑克森在〈The Girl Is Mine〉、〈Say, Say, Say〉，以及麥卡尼《Pipes Of Peace》專輯中的〈The Man〉合唱，兩人一直合作愉快。對傑克森的意圖毫無預警的麥卡尼，某天非常震驚地接到一名記者的電話，詢問他對好友買下ATV歌曲版權的看法，便立即向相關人士查證此事。傑克森不僅和麥卡尼、小野洋子競標（麥卡尼曾想說服她合夥，提高出價的數目），同時也在CBS、可口可樂和華納競標其他的生意。麥可手上握有披頭四在1964至1971年發行所有歌曲的版權——一座真正的金礦，也是一個提振自己名聲的燃爐。「我已經找到了聖杯。」他說。

精明的商業頭腦

　　一位唱片界執行長表示，「儘管聲音像小女孩，舉止優雅，麥可傑克森在生意上可一點都不手軟。」等麥卡尼知道麥可取得這位利物浦傳奇歌手五百萬美金的壽險保單，他受到的震驚非同小可。「我的天啊，」麥卡尼說，「等我六十四歲蒙主寵召，他就能賺好幾百萬。」麥卡尼事後表示遺憾，「我們的友誼竟然落到這種下場。」讓麥卡尼更氣憤的是，傑克森重新翻唱披頭四的〈Come Together〉，並同意商業廣告使用披頭四的歌曲，最令人難忘的〈Revolution〉即被當作「耐吉」（Nike）的廣告歌。「傑克森毀了披頭四的聲譽，」麥卡尼抱怨，「我認識他的時候，他似乎是個謙恭有禮的好人，有顆純真的心。我可不是故意在恭維他。」多年後進入二十一世紀，一向平易

| 左上圖 | 仰望，1988年現場演唱。

| 上圖 | 羅瑞史妥（Lori Stoll）攝影。

| 上圖 | 《飆》MV拍攝場景。

| 右上圖 | 《飆》在倫敦巡迴演出中令人驚豔的巨星。

近人的麥卡尼對昔日好友麥可做出綜合評價，說他是「一個不尋常的傢伙」。

傑克森也委託約翰布蘭卡買下迷幻放克樂團史萊和史東家族合唱團（Sly & The Family Stone）的專輯版權，他的投資事業蓬勃發展；接著又收購狄恩和巴爾蒙特司樂團（Dion & The Belmonts）的專輯（包括〈The Wanderer〉和〈Runaround Sue〉這兩首歌）和鋒芒畢露的搖滾歌手小理查（Little Richard）的作品（如〈Tutti Frutti〉）。收購進行期間，他的母親凱薩琳因父親喬拈花惹草而告上法院要求離婚。外界報導他花傑克森兄弟的錢在外面養別的女人，但喬仍拒絕搬出恩諾西的豪宅。麥可不禁悲哀地說，「她永遠也逃不了。」她的法律訴訟最後無疾而終。

與長青輩明星的情誼

儘管傑克森和麥卡尼的關係觸礁，但仍擁有眾多在他的光芒下排隊等著取暖的名流朋友，例如那些好萊塢的圈內人。他會積極的給予風靡一時的長青輩明星祝福，從伊麗莎白泰勒（是他結識已久的好友，給予他「流行音樂天王」[The King of Pop] 的讚譽）到艾

娃嘉娜（Ava Gardner），從馬龍白蘭度到勞勃狄尼洛，從葛雷哥萊畢克（Gregory Peck）到卻爾登希斯頓（Charlton Heston），從珍芳達到安迪沃荷以及蘇菲亞羅蘭。隆納雷根也曾打電話找他聊天，「或許他需要聽聽麥可對管理這個星球有什麼高見。」馬龍白蘭度說。

《飆》直衝告示牌冠軍

最後，麥可在流言蜚語的圍攻下，依然能集中心力籌備《顫慄》後的下一張專輯。製作期從1986年11月到1987年7月（其中一首〈Another Part Of Me〉是1985年的作品）。《飆》於1987年8月底發行，與前一張大獲全勝的專輯相隔五年。在宣傳活動大肆造勢之下，《飆》直衝英國告示牌排行榜榜首蟬聯六週冠軍，這是告示牌首次出現有五首冠軍單曲的專輯。它在英國的銷售成績相當亮眼（在英國是銷售量最高的十張專輯之一）。馬丁史柯西斯執導的十七分鐘主打歌MV，成就甚至更超越《顫慄》。《飆》的銷售超過三千萬張——比起所向無敵的《顫慄》略遜一籌，但仍是有史以來最暢銷的專輯之一。許多人認為這張專輯比

《顫慄》更精采。《滾石雜誌》稱它「更豐富、更有魅力」。「《飆》是一個才華洋溢的歌手兼創作者，以自己另類的美學和曲藝精心打造的作品，」戴維特賽傑森（Davitt Sigerson）評道，「沒有《顫慄》重要，但這張專輯儘管沒有如〈Billie Jean〉這樣具劃時代意義的歌曲，仍是極好的專輯。」就影像方面，傑克森呈現新的視覺創意，從清純的青少年搖身變成幫派混混，身穿皮夾克、手抓褲襠的猥褻舞者。（這並非他第一個選擇：他其實希望展現更軟性、更脫俗的形象，但CBS唱片公司堅持他們的看法。「這張專輯既然叫『壞』（Bad），就是要壞到底。」總裁耶特尼科夫 [Walter Yetnikoff] 大吼）。

巨額的慈善捐款

《飆》在世界巡迴演出十六個月，一百二十三場演出的門票全部銷售一空，參與的群眾逾四百五十萬人，它是當時最成功的搖錢樹，賺進一億兩千五百萬美金。在容納五十萬人的倫敦溫布雷體育場七場演出門票售罄（一百五十萬張票）又創下了另一項紀錄。約翰皮爾（John Peel）在《觀察家報》稱這場秀「相當驚人……結合了未來主義和精湛的默劇。」《富比士雜誌》將傑克森列名為1987年世界最富有的藝人第九位。但麥可並不因此自滿，他捐出數百萬英鎊給兒童醫院、孤兒院和其他慈善機構，並邀請貧困孩童免費到現場欣賞演出。（八〇年代後半期，傑克森又捐

| 左圖 | 麥可和他的寵物
大蟒蛇——肌肉
（Muscles）。攝
於1987年9月。

| 右圖 | 麥可在舞台上的風
采。

了三十萬英鎊給「聯合黑人大學基金」。單曲〈Man In The Mirror〉發行的收入也全數捐給慈善機構）。但是儘管風靡了廣大的群眾，麥可與生俱來的矛盾依然存在。昆西瓊斯說，「麥可可以站在台上在九萬人面前表演。但如果我要求他為我唱一首歌，我得坐在沙發上用兩手蒙住眼睛，他則站在沙發後面唱。他真的非常害羞。」

「我要當排行榜上唯一的傑克森」

麥可再度展現他好強的一面，在歡度二十九歲生日時（他已經放棄「耶和華見證人」的信仰，現在可以問心無愧的享受他的生日），期許自己一定要超越《顫慄》。當時他的妹妹珍娜剛發行的專輯《Control》一炮而紅，據稱麥可對於妹妹分享他的光芒大為不悅。「我要當排行榜上唯一的傑克森。」他不滿的說。但《顫慄》和《飆》這兩張專輯相隔五年，他如果想重新稱霸排行榜，就得準備好承擔壓力。他說到做到，《飆》以排山倒海之勢躍升為國際暢銷的專輯：包含〈Bad〉、〈The Way You Make Me Feel〉、〈I Just Can't Stop Loving You〉、〈Dirty Diana〉、〈Man In The Mirror〉、〈Smooth Criminal〉、〈Liberian Girl〉等動聽的歌曲。

十一首歌有九首由傑克森親自創作（如果把1988年CD版發行所加入的〈Leave Me Alone〉也算在內）。從1984年他與傑克森家族最後的巡迴之後，他隨時都在記錄自己的靈感。〈Another Part Of Me〉是1986年《伊歐艦長》（Captain Eo）的電影插曲。昆西瓊斯與麥可三次偉大的合作接近尾聲，這次是他最後一次協助麥可整理寫完一半的詞和旋律收錄在一張普通大小的專輯中。另外兩首其他創作者寫的歌，與史提夫汪達合唱的〈Just Good Friends〉是葛瑞翰萊爾（Graham Lyle）和泰瑞布萊登（Terry Britten）的作品，黑人福音歌（gospel）改編的〈Man In The Mirror〉則是葛蘭巴拉德（Glen Ballard）和希達葛芮特（Siedah Garrett）所作。麥可原本想將一首名為〈Streetwalker〉（妓女）的歌收錄在專輯裡，堅持十一個小時後，因經理人法蘭克迪里奧（Frank DiLeo）投票給〈Another Part Of Me〉而被判出局。

麥可希望找一位知名巨星在專輯中獻聲。他顧慮到當時正崛起的超級巨星王子搶了他的風采，並被許多樂評家和歌迷稱之為「酷」。他想跟王子較量一下，

靈機一動，便想邀王子合唱〈飆〉（Bad），看誰才真的「最壞」。他計畫先對媒體炒作他們倆之間的競爭，然後才推出這首歌，這是再聰明不過的做法。據說他告訴昆西，「他可以模仿詹姆斯布朗，和我過去做的一樣，我則表演我最著名的月球漫步。」昆西寄給王子一卷試聽帶，王子對這個點子和這首歌反應冷淡，不予理會。他事後對大家解釋拒絕的理由，「即使沒有我，這首歌也會非常成功。」傑克森似乎對此耿耿於懷，繼續為他催生的孩子尋覓一位讓人驚喜的巨星。芭芭拉史翠珊也婉拒與他合唱〈I Just Can't Stop Loving You〉，讓他更受傷。據說芭芭拉對他的提議一笑置之，她覺得這種情歌對唱的組合「沒有說服力」。麥可考慮的搭檔人選還有惠妮休斯頓和艾瑞莎弗蘭克林，但都遭到回絕。

瓊斯建議麥可找她的老朋友黛安娜羅絲，不過他們那時因爭排名而關係不睦。傑克森說，「為什麼我要幫她重振事業？」昆西最後發掘了一個不知名的歌手，也是〈Man In The Mirror〉創作者之一的希達葛芮特。她過去最值得一提的成就僅止於與誘惑合唱團的丹尼斯愛德華（Dennis Edwards）在輝煌的1984年合唱

一首暢銷舞曲〈Don't Look Any Further〉。八卦媒體捕風捉影，馬上開始報導麥可與比他小兩歲的希達之間的風流韻事。頭條新聞爆料：「傑克森與正在加溫的婚禮」。事實上兩人只是朋友關係：傑克森喜歡捉弄葛芮特，要工作人員拿他的寵物蛇嚇她。傑克森請她擔任未來的巡迴演出歌手，但當她在瑪丹娜西科尼（Ciccone）的歌曲中獻聲，隨後又加入瑪丹娜的巡迴樂團時，麥可為此醋勁大發，從此將瑪丹娜視為另一名「勁敵」。

手抓褲襠的猥褻舞蹈備受討論

〈I Just Can't Stop Loving You〉是《飆》這張專輯中意外甜美的第一首單曲，兩位歌手的表現可圈可點。更引人注目的主打歌即將登場。傑克森雇用一名新的公關高手，曾任職於摩城的鮑伯瓊斯（Bob Jones），他一上任便大展身手。電視特別節目《麥可傑克森：魔力重現》播出，成為當週收視率第六高的節目。《飆》MV開始拍攝，它可能會辜負那些聲稱「恐怖片又來了」的電影天才的期待嗎？由馬丁史柯西斯出

馬導演，這部片子如同打一劑強心針。史柯西斯曾執導經典名片《計程車司機》和《蠻牛》，本身也是樂迷。（傑克森最喜愛的史匹柏第一個爭取拍這部片子，但沒有被採納。）影片在紐約布魯克林的哈特辛默霍恩地鐵站拍攝，為期六個月。片子一開場為黑白影像，傑克森飾演一個離開貧民區求學的孩子，但現在回家後無法融入他的幫派朋友中。「你不想與我們同流合污，」他們辱罵他，「你不墮落了，你不壞了。」接著黑白畫面切換成彩色，傑克森開始載歌載舞，他的黑色皮夾克和捲髮、鏈條和無指手套，如同電影《美國飛車黨》中機車騎士的裝扮，讓這些街頭混混和平團結。拜麥可為師學月球漫步的老朋友傑夫瑞丹尼爾，與未來的銀幕巨星衛斯理史奈普（Wesley Snipes）在片中客串演出，丹尼爾說《西城故事》再度成了麥可主要的靈感來源。拍攝場景移至哈林區，瑪丹娜剛好在附近拍她的〈Who's That Girl?〉，還抽空到傑克森／史柯西斯的劇組探班。

許多人喜愛這部斥資兩百萬美金拍攝的片子，有些人則對麥可的外型失望。他逐漸白皙的膚色、他的臉型，都與他在《牆外》有明顯差別。抓褲襠開始變成了他的習慣動作，連昆西瓊斯也不禁要問，「他是不是內褲穿太緊了？」不過，這一切都起了作用。電視節目大肆討論麥可的外表、歌曲和MV。《飆》創下銷售佳績，傑克森的周邊商品熱賣。鉅資打造的〈The Way You Make Me Feel〉為另一支在預算和最終表現

上都堪稱佳作的MV。麥可不可避免的又與影片中的搭擋、生於佛羅里達的舞者塔緹娜（Tatiana Thumbtzen）傳出緋聞。塔緹娜得到這個角色，粉碎了數百位試鏡女孩的心，但四個工作天只領四千元美金的酬勞。無論如何，她受邀參加《飆》的巡迴演出，她在一本書中公然宣稱她受到雇主壓榨且未收到酬勞。這對搭擋在紐約麥迪遜廣場花園的舞台上深情一吻，隔天報紙便稱她為「麥可的女孩」，此舉讓麥可的經理人法蘭克迪里奧大為光火——畢竟過去沒有人看過傑克森被女孩親吻——但她聲稱凱薩琳傑克森給她一個「很大的擁抱」。她覺得保護麥可的人都對她很反感，把她從《飆》的巡迴名單中剔除，由另一個想出人頭地的年輕女孩雪瑞兒可洛（Sheryl Crow）頂替。在飢渴的媒體爆料傑克森和可洛開始約會以前，塔緹娜已經跟王子出雙入對了。

《伊歐艦長》

為了配合宣傳策略。麥可以〈Another Part Of Me〉做為號召，他在法蘭西斯柯波拉執導、《星際大戰》名導喬治盧卡斯監製的一部3D科幻音樂短片《伊歐艦長》中擔綱演出，飾演一名太空船艦長。二十分鐘的短片耗資兩千萬美金，是史上最昂貴的短片，卻不是曾執導《教父》、《對話》和《舊愛新歡》的柯波拉最好的作品。這部影片在佛羅里達迪士尼樂園的「明

| 左圖 | 1988年11月在加州的演唱會。

| 右圖 | 與黛安娜王妃於英國合影。

日世界」持續播放至1994年。它並沒有成為傑克森期待中的劃時代鉅片，在電影史上的地位也微不足道，只在麥可第一次故弄玄虛的戴上手術用口罩時，達到一點宣傳效果。麥可當時正在讀隱遁的億萬富翁霍華休斯（Howard Hughes）的故事，內容非常吸引他。他很清楚自己已經被貼上「標新立異」的標籤，但沒有料到後來會無止無休的蔓延到嚴重失控。約翰麥卡瑞迪（John McCready）在英國音樂雜誌《NME》評論《飆》被扭曲的始末，「他用沛綠雅礦泉水泡澡，想建一座自己的白金漢宮。他請大衛霍克尼（David Hockney）將黛安娜羅絲的肖像畫在他的游泳池池底。他期望自己活到一百五十歲。諸如此類的故事，都是住在恩西諾那群可怕的家族成員編造出來的，但基於人們想探聽明星私生活的天性，以及處於人們過度關心演藝界八卦的新紀元，令人匪夷所思的事件說服了流行音樂的聽眾。對他們來說，只有音樂永遠都不夠，他們心目中的麥可傑克森，不是活在真實世界的人，也不可能遭到居心叵測的誹謗。」

當〈Dirty Diana〉登上暢銷排行榜，流言又傳這首歌指的是和麥可吵架關係交惡的黛安娜羅絲（他們過幾年又重新和好），有報導甚至說它是指黛安娜王妃。這首軟金屬搖滾歌曲與〈Beat It〉同出一轍，以比利艾鐸的搭擋史提夫生帝文生吉他獨奏為號召。史帝文生納悶麥可這次為何不找上一次合作過的艾迪范海倫，他說，「我隨便彈了兩首獨奏曲，他喜歡第一首。和我的想法不謀而合。比起技巧，他似乎更重視情感的營造，這也是我一直以來的演奏風格。」

《外星戰將》

麥可在1988年拍攝電影《外星戰將》（*Moonwalker*），使他的事業更上一層樓。九十三分鐘的影片包含他的歌曲〈Smooth Criminal〉和〈Leave Me Alone〉（各自都發行了MV）以及〈Speed Demon〉。片中並以改編披頭四的〈Come Together〉營造劇情的高潮。由柯林契爾佛（Colin Chilvers）

（「我預期這部片子的難度很高，」契爾佛說，「果不其然，麥可是個完美主義者。」）與傑瑞克萊莫（Jerry Kramer）共同導演，《外星戰將》更掀起了報紙所說的「傑克狂熱」。和《伊歐艦長》一樣，它也沒有成為電影界的《大國民》。這部超現實電影結合了現場演奏的連續鏡頭、MV、傑克森生平、動畫以及神祕有點可怕的幻想，共同演出者還有喬派西（Joe Pesci，曾主演史柯西斯的《蠻牛》和《四海好傢伙》），年僅十二歲的西恩藍儂（Sean Lennon，約翰藍儂之子，那段時間是麥可最新的「摯友」）演一個「迷失的孩子」，當然還有傑克森。它直接訴求真正相信的人。片中還有伊麗莎白泰勒和米克傑格的驚鴻一瞥。麥可想運用佛雷亞斯坦電影中一幕，將自己的身影疊映在金姐羅傑絲（Ginger Rogers）的畫面上，賦予這個角色更多元的意象，但這個想法被佛雷的遺孀否決。傑克森夢想《外星戰將》能在全世界的電影院放映，卻因財務問題作罷，但就算如此，直接發行錄影帶也一樣帶來更多的商機。它的銷售一鳴驚人，在告示牌錄影帶排行榜連續二十二週名列冠軍。它後來落到第二名，擠下它的是《麥可傑克森：傳奇延續》。《外星戰將》花了兩千七百萬美金製作，但銷售金額差強人意的只有三千萬美金。麥可勃然大怒。儘管《飆》的銷售當時已經排名史上第二，他還是要更好的成績。在麥可的指示下，法蘭克迪里奧被麥可的律師約翰布蘭卡炒魷魚。據說傑克森不可理喻的責罵他，把「怪胎傑克」的外號和形象全部推在他頭上。迪里奧事後描述他的前老闆「有點像霍華休斯，又有點像外星人E.T.：麥可傑克森真的非言語所能形容。」

《月球漫步》

《月球漫步》（*Moonwalk*）這本書集結了麥可謹慎選擇並理想化的回憶錄以及一些不成形的想法。最初提議出書的是前第一夫人約翰甘迺迪的遺孀賈桂琳歐納西斯（Jacqueline Onassis），她當時是紐約達博岱（Doubleday）出版社的知名編輯。達博岱知道，無論名氣再大的人，只要賈姬出面遊說他們寫出他們的故事，沒有人會不買她的帳。她向麥可強調，全世界

| 上圖 | 麥可主演法蘭西斯
柯波拉導演的短片
《伊歐艦長》。

| 左圖 | 麥可和經理人法蘭
克迪里奧於1988年
抵達英國。

有數百萬的歌迷都渴望知道他的故事，但麥可說他的人生才剛起步。她說，「你所要做的事，就是當彼得潘。」她飛到洛杉磯與麥可會面，他放她鴿子，賈姬私下發了一頓脾氣。當時知名度能與麥可傑克森相匹敵的人，也唯有她。她不肯放棄，施展魅力迷住他，兩個人避開狗仔隊的追蹤私下交流。「賈姬挽著我的手臂。」他說。她提及海溫赫斯特，「簡直就是個遊樂園（La La Land）。一隻黑猩猩四處亂竄。動物關在籠子裡。還有從《綠野仙蹤》奧茲國搬回來的道具場景。」看在企畫案的份上，她（以及一名代筆的寫手）發揮無比的耐性。雖然大部分的評論家認為這本書並沒有挖出什麼祕辛，賈姬在她的心血中寫道：「在許多人眼中，麥可傑克森似乎是個讓人難以捉摸的人，但那些和他一起工作的人並不這麼認為。這位才華出眾的藝人是個非常敏感、溫暖、風趣、洞察力十足的人。麥可的書《月球漫步》，讓讀者一窺這位藝人在工作及思想上令人驚訝的吉光片羽。」

書中描述麥可小時候的孤單寂寞，以及成年後驕傲與困惑交織的煎熬。真情告白的幾個章節中，麥可坦承他的童年對他造成的痛苦，並以傑克森5人組百分之二十的生活小插曲逗我們開心。當然，他事後打了電話給他父親，為揭露事實而道歉。他也在書中透露他曾做過兩次鼻子整型手術和一次下巴裂口整型（他承認他想整成如電影演員寇克道格拉斯 [Kirk Douglas] 的下巴輪廓）。這本獻給佛雷亞斯坦的傑克森自傳，登上了最有聲譽的《紐約時報》暢銷書排行榜榜首，在全世界十四個國家發行，銷售逾五十萬冊。

「傑克森反彈」

麥可全面性的成功招致「傑克森反彈」的現象。《NME》的約翰麥卡克瑞迪理性地分析，「《飆》在保守的音樂領域得到空前的勝利，二十九歲的男孩仍然被困在《牆外》這張迪斯可專輯的困境裡。如果你不理會這個事實，它將五年來所有的精華都濃縮在一起，所以《飆》是一張出色的專輯。」他下結論，「絕對值得你期待。麥可傑克森並不是神。」《滾石雜誌》兩萬三千名讀者投票《飆》是最糟的專輯、最糟的單曲、最糟的宣傳、最糟的MV，麥可傑克森是最糟的歌手（連穿著也糟透了）。雜誌評估的關鍵在於他的形象，而非他的音樂。他的形象讓人不安，他急遽竄升的名氣讓他們火大。但更憤怒的是傑克森，他永遠不能原諒這家雜誌。

1988年葛萊美獎鎩羽而歸

在其他地方，他仍然受到愛戴和褒揚。他獲得全英音樂獎（Brit Awards）「最佳國際男藝人」以及「最佳音樂錄影帶」（〈Smooth Criminal〉）。單曲〈飆〉在全美音樂獎獲得「最佳靈魂／節奏藍調單曲」。麥可看到妹妹珍娜的〈When I Think Of You〉抱走了「最佳流行／搖滾音樂錄影帶」，心中五味雜陳。無論如何，他把所有的希望寄託在1988年的葛萊美獎，希望總攬所有獎項。《飆》獲得四項提名，他這個賭徒的預期比《顫慄》的成就略少一點。彷彿為了要表達感激，他在頒獎典禮上演唱〈The Way You Make Me Feel〉 和〈The Man In The Mirror〉。這是他五年來第一次出現在螢光幕前演出，全場起立鼓掌，昆西的口哨聲傳入他耳裡，他說，「這個夜晚是你們的。」然而他卻鎩羽而歸，一座獎也沒撈到。當戴安娜羅絲將「年度最佳專輯獎」頒給U2合唱團的《The Joshua Tree》時，他的心更痛了。媒體聲稱他在後台因打擊太大而當場崩潰，大肆抨擊評審和製作單位種族歧視。

不管怎麼說，《飆》迄今還是最受矚目和最具爆發力的專輯之一，也是許多樂迷心中最棒的專輯。（2001年發行的特別版本中加入三首新歌和一本內容包含歌詞與未曝光照片的小冊子。）〈Man In The Mirror〉這首曲子深刻的情感、戲劇性和歌唱部分的靈活度，儘管不及他首次發行的暢銷歌曲知名，但在2009年6月令人悲痛的消息傳來，它是首慢火加溫的歌曲，遠超過〈Thriller〉和〈Billie Jean〉，它能鉤住人的情緒，也是這位歌手獻給世人最純真的禮物。許多新聞媒體引用這首歌，它的沉痛擄獲這個時刻和這個人。「我要從鏡中的人開始做起／請他改變他的方式……」

當八〇年代的舞蹈跳到尾聲，麥可傑克森繼續做出更大的改變。

Chapter 6

危險之旅 DANGEROUS

　　麥可傑克森，一個活在想像世界中的男孩，買下加州聖塔芭芭拉地產興建一座夢幻莊園（Neverland），躲進自己的天地裡。1988年11月遷入莊園的麥可，需要一個可以滿足自己渴望及展現個人風格的私人空間，並遠離海溫赫斯特和傑克森家族。他耗資三千萬美金在這座二千七百畝（十一平方公里）的莊園內興建了動物園（蒐羅各種奇珍異獸之外，還有蟒蛇和鳥蛛）、摩天輪、遊樂場、旋轉木馬、雲霄飛車、電動碰碰車、電影院等，園區內約有五十名員工。

　　麥可認為，夢幻莊園是孩子的天堂。他在這裡可以享有工作狂的父親從來不允許他擁有的童年夢想。他歡迎小孩到莊園玩這些遊樂設施，並以劇作家巴瑞（J. M. Barrie）故事中的「彼得潘島」為莊園命名：夢幻莊園。一個永遠不會長大的世界。

夢幻莊園

麥可如神祕王國般的的「夢幻莊園」原本是西克莫山谷牧場，最近的小鎮聖塔伊尼茲在南方八英哩處。莊園的南邊有一所寄宿的大學預備學校「密德蘭」。傑克森從高爾夫球場企業家威廉波恩手中買下這座莊園、兩條鐵路（包括一截火車頭和兩個車廂）以及一座花鐘。麥可拜訪保羅麥卡尼夫婦時對莊園一見鍾情（他們也考慮購買，但當時莊園並不出售）。莊園主人終於願意割愛，麥可精明地討價還價。他遷入莊園後便加強保全設施，裝上一道氣勢恢宏的鐵門，門上裝飾一頂大金冠。他沒有邀請父母參加喬遷派對，卻請了他的兄弟姊妹，史蒂芬席格（Steven Seagal）和寶狄瑞克（Bo Derek）也出席派對。麥可告訴他的朋友，「我住在離洛杉磯搭直升機不到三十分鐘的地方，你們可以隨時來玩。」但他要求他們保密。《小鬼當家》的童星麥考利克金是夢幻莊園的常客，他說：「夢幻莊園是每個孩子的夢想，裡面有來自全世界的汽水、糖果、兩層樓的長廊、一座遊樂園和一間電影院。我們倆的童年經歷很相似，在某些地方永遠都只有八歲，因為在那時候，我們根本沒有機會當一個八歲的孩子。」

麥可日入金斗，但花費也相當可觀，他花錢從不問價錢，購物消費六位數字也不皺一下眉頭。夢幻莊園每年的基本開銷將近兩百萬美金（而且逐年增加）。這對他來說並不算什麼。麥可顛峰時期的身價十億美金，八〇年代的版稅收入高達兩億五千萬美金。他後來收購貓王的音樂版權，加上披頭四的歌，現值約三億五千萬美金。他當時的生活過得非常優渥，但到了九〇年代，平均每年三千萬美金的支出讓他經濟吃緊。2005年，在警察密集搜索期間「蹂躪」了夢幻莊園之後，麥可決定永遠不再返回居住了十七年的莊園，他說那裡已經不再是他的家。沒多久，為了節省開支，莊園的員工遭到資遣，設備也被關閉。莊園贖回權取消的官司從2007年底到今天還沒有打完。麥可在2008年仍擁有莊園部分資產，但園內的遊樂設施都被排在路邊拍賣。傑克森因夢想完全破滅而傷心不已。他死後，有消息傳出夢幻莊園將成為他的長眠之地，也將和貓王的優雅園一樣成為樂迷朝聖的地點。然而基於合法性的問題，麥可的追思會在洛杉磯舉行。這種情何以堪的狀況似乎還會持續一陣子。

《飆》世界巡迴演唱會

無論如何，夢幻莊園不再是麥可1988年所期望的理想家園。麥可刷新紀錄的《飆》世界巡迴演唱會使他的名聲更甚於《顫慄》。全世界各地的歌迷爭先一睹這位平常只能在MV中看到的謎樣人物，他們想親眼目睹他的舞步、親耳聆聽他的歌聲。麥可說：「每

| 左圖 | 布宜諾斯艾利斯舞台的風采。

| 右上圖 |「他們還沒真正見識到我的厲害。」麥可在九〇年代鄭重宣布。

個人的成長階段都不會相同，今天，我要讓全世界看到，我已經成為我所期待的自己。」他的音樂、服裝和舞台的呈現都是走在時代最尖端。他在舞台上的爆發力、侵略性完美地結合了絲綢般的嗓音和舞步。麥可與烏利傑勒（Uri Geller）和大衛布萊恩（David Blaine）相交甚篤，或許影響了他運用雷射和魔術手法製造戲劇幻覺效果的喜好。起重機將他高吊在觀眾頭頂上空，很多人都以為自己看見一個人在飛。麥可在溫布雷體育場的七場壯觀演出，查爾斯王子和黛安娜王妃一場也沒錯過。在他還是傑克森5人組成員時，曾

在後台晉見查爾斯的母親伊麗莎白女王，他對查爾斯開玩笑說：「我可以幫你上幾堂舞蹈課。」查爾斯微笑回道，「我在舞廳的表現可能有點笨拙。」為了怕冒犯黛安娜王妃，他一度考慮將〈Dirty Diana〉從表演的曲目中剔除，但最後並沒有這麼做。

黛安娜王妃的回應非常正面。她起身跳舞，查爾斯王子繼續坐著。麥可告訴記者，「我很興奮能見到這對王室夫婦。我非常非常高興他們來看我的表演。我覺得王妃真是太棒了。」據說他和黛安娜之後曾通過幾次電話，交換躲狗仔隊的心得，討論服裝造型。

麥可後來談到婚姻生活不順遂的黛安娜王妃，「我的心裡在說：『我愛你！黛安娜！妳要永遠綻放妳的光芒，因為妳是人們真正的王妃。』」1997年麥可得知黛安娜王妃的死訊，他說：「我整個人崩潰，覺得天旋地轉。我取消演出，因為我根本無法表演。我放聲大哭，淚水不停的流了好幾個星期。她曾對我吐露心聲，說她和我一樣常覺得被圍捕和遭人設陷。」

他是不屬於這個世界的天才

在這次與王室會面的同時，麥可不禁感嘆，「他們稱貓王為『王』，他們為什麼不這麼稱呼我呢？」麥可沒多久便被推崇為「流行音樂天王」，這都要感謝他演藝界的至交伊麗莎白泰勒，儘管可能出於缺乏安全感的麥可自己的堅持。伊麗莎白泰勒也是年輕即成名的影壇巨星（據說麥可在八〇年代曾向她求婚），她談到麥可喜歡與其他影壇知名的老巨星見面，「他很好奇，想從這些在演藝界存活至今的藝人身上學到一些東西。他不屬於這個世界。你要是覺得他怪，那是因為他已經超越了生命。什麼是天才？什麼是鬼才？什麼又是超級巨星？就是麥可傑克森。當你自以為了解他，他又表現出更深沉的內涵。他的成就無人能及，沒人能像他一樣跳舞，像他一樣寫歌，也沒人能像他能輕而易舉的挑動歌迷的狂熱。」

票房打破貓王的紀錄

如果麥可傑克森想走進「真實」世界或逛一家店，他必定得喬裝，四周圍繞著保鏢。但在舞台上，他一向如魚得水。《飆》的世界巡迴演出從1987年9月12日到1989年1月27日，橫跨四大洲十五個國家。儘管票房收入可觀，這場巡迴演唱會事實上讓麥可荷包大失血。他的排場極其奢華，私人飛機、直升機等都所費不貲，而這場精采絕倫的表演讓觀眾值回好幾倍的票價。媒體評論非常精采。《今日報》極力讚揚：「極

度性感」，日本稱他為「麥可颱風」，澳洲比較矛盾，替他貼上「怪胎傑克」（Wacko Jacko）的標籤，著重在麥可抓褲襠的動作而非深入報導分析，使得原本預計在柏斯（Perth）和阿德萊德（Adelaide）的演唱會因票房不佳而取消。麥可受傷地寫了一封錯字不少的信給《時人雜誌》，他說，「在你能穿著摩卡辛軟幫鞋（moccasin）跳兩遍月球漫步之前，不要隨便批判別人。」英國媒體則從「流行樂壇的彼得潘」的角度切入報導。無論如何，這次的世界巡迴演唱歷經幾番波折，有些令人滿意，有些又教人筋疲力盡，甚至在美國開場的時間都很難喬定。麥可原先計畫在亞特蘭大開場，但他的贊助商百事可樂認為離他們的對手可口可樂太近，於是改到堪薩斯。據稱麥可在開演前曾禱告，「讓我們魅力四射。」事後他知道這場演出的票房收入高達七十五萬美金，破了貓王的紀錄。有位作者描述麥可當時開心起舞說，「現在誰才是真正的『王』？」

電影之夢

他仍然渴望在電影打出一片天下，傳言他曾參加史蒂芬史匹柏導演（許多年後由喬伊舒馬克 [Joel Schumacher] 導演）《歌劇魅影》的試鏡，沒有獲得青睞。他和好萊塢傳奇人物如蘇菲亞羅蘭和席維斯史特龍一起出席頒獎典禮，並與大衛葛芬（David Geffen）結為好友。葛芬是新好萊塢夢工廠幕後的大人物（還有史匹柏和傑佛瑞卡森柏格 [Jeffrey Katzenberg]）。他們談過好幾次，但麥可和CBS的唱片合約排得很滿，令葛芬沮喪的是，雙方對適合麥可的電影角色無法達成共識。葛芬曾說：「這部電影應該是巴士比柏克萊（Busby Berkeley，編按：好萊塢三〇年代極負盛名的歌舞片導演）遇見E.T.，再配上《星際大戰》的背景。」後來麥可不克出席佛羅里達洲環球影城的開幕儀式，導致他們的關係開始變調。傑克森在聽說滾石的「鋼鐵之輪」（Steel Wheels）巡迴演出票房打破《飆》的紀錄時，開除了長年任用的律師約翰布蘭卡。令他感到洩氣的是，當時布蘭卡正要幫他收購詹姆斯布朗的舊的歌曲音樂版權。葛芬向麥可推薦一位新律師和經營團隊，替換那些曾帶麥可走上事業最顛

峰期的夥伴。珊蒂葛林（Sandy Gallin）成為麥可的新經理人。

誹聞

　　一篇報導指出麥可計畫買下摩城唱片，貝瑞高迪開價二億美金，但麥可只願意出價一億三千五百萬美金。《國家詢問報》宣稱他和拍攝《伊歐艦長》時期的化妝師凱倫菲（Karen Faye）陷入熱戀。凱倫說：「他是個很特別的人，他對我這一生的意義重大。這個神奇的男人坐在我化妝椅前的那一天，是我這輩子最幸運的時刻。」他和合唱搭擋雪瑞兒可洛的關係被大肆渲染，這位在《飆》巡迴演出期間的夥伴在九〇年代晚期也贏得九座葛萊美獎。她說：「他從來不曾為我脫下那隻手套。」他們因在台上合唱〈I Just Can't Stop Loving You〉而擦出火花。接著更有報導爆料麥可和瑪丹娜交往甚密。媒體風聞他們在洛杉磯常春藤餐廳約會，瑪丹娜一襲黑衣，麥可則是白色系，他們分別搭禮車離開。看來雙方當晚的談話充滿較勁和嫉妒（當時佔上風的是流行音樂女王瑪丹娜）。他們確實連袂出席第六十三屆奧斯卡金像獎頒獎典禮，但顯然只是宣傳造勢。《時人雜誌》報導：「麥可傑克森穿鑲金邊牛仔靴，戴一枚耀眼奪目的鑽石胸針，以及一雙徹底違背男裝慣例的手套，看起來完全是一副傳奇人物的模樣。」安德魯莫頓（Andrew Morton）在瑪丹娜自傳中暗示，瑪丹娜在奧斯卡獎頒獎典禮後曾經有意色誘麥可，「但什麼事也沒發生，因為麥可笑得太厲害了。瑪丹娜完全無法征服這個男人。」

麥 可 傑 克 森 的 年 代

　　八〇年代即將結束。麥可獲頒「十年最佳藝人獎」，由他的密友伊麗莎白泰勒頒獎。失去麥可後的傑克森家族專輯《2300 Jackson Street》銷售成績十分不理想，傑克森家族和埃佩克唱片公司私下解約。大型唱片公司明白表示，除非麥可加入，否則他們不願意砸錢在傑克森家族身上。1989年12月《今夜娛樂》稱他為「年度最重要藝人」。《顫慄》專輯也被《滾

｜左圖｜麥可在布加勒斯特演唱會上，目光銳利灼爍地注視一名觀眾。

｜上圖｜流行音樂天王與流行音樂天后。聯袂出席晚會的麥可傑克森和瑪丹娜看起來是一對天造地設的絕配。

| 左圖 | 在蒙地卡羅,麥可獲頒世界音樂獎。

| 右圖 | 與麥可同為蛇的愛好者,槍與玫瑰的史賴許在東京現場的演出演奏〈Black Or White〉。

石雜誌》選為八〇年代最佳專輯。毫無疑問,這是麥可傑克森的年代,甚至老布希總統也加入讚揚麥可的行列, 1990年4月,麥可再度受邀拜訪白宮,表揚他是「十年最佳藝人」,並讚揚他對兒童福利的貢獻。

九〇年代正式來臨。黛安娜蘿絲很久以前就警告過麥可,「這個世界喜歡把明星高高捧起再重重摔下。」然而麥可自信十足,據說他曾對大衛葛芬說:「他們還沒真正見識到我的厲害,我在九〇年代會比現在成功一倍。」但時不我予,1991年,麥可的哥哥傑麥恩傑克森公開批評他的小弟,「我也可能成為麥可,那只是時機和運氣的問題。」他甚至推出一首單曲〈Word To The Badd〉,歌詞中大肆抨擊麥可不斷改變的外貌:「你一出生就改變你的顏色 / 你的顏色有錯嗎?」麥可勃然大怒並打電話向母親抱怨,要她把傑麥恩趕出海溫赫斯特(家族所住房子,產權幾乎都是麥可的)。凱薩琳勸阻了他,但麥可偶爾回去時,埋怨麥可不接他電話的傑麥恩被要求暫時迴避。這對兄弟後來和好如初。傑麥恩在接受BBC的訪問時說:「這首歌曲只是想傳達哥哥奉勸弟弟回到現實的訊息。」在〈Word To The Badd〉推出的同時,麥可《危險之旅》專輯中的復出單曲〈Black Or White〉也大受歡迎,麥可這首單曲遠甚於傑麥恩,在全世界暢銷排行榜勇奪第一名寶座。

史上最成功的新貴搖擺專輯

1991年11月26日由埃佩克唱片公司發行的《危險之旅》與麥可傑克森之前暢銷全世界的三張專輯不同。這張專輯由麥可和二十二歲的泰迪萊雷(Teddy Riley)和比爾波特瑞爾(Bill Bottrell)聯手製作。泰迪和比爾是藍調節奏(urban pop/R&B)和新貴搖擺(swingbeat)中的佼佼者,於是昆西瓊斯退居一旁,將這兩位年輕人推薦給麥可。《危險之旅》在洛杉磯的Ocean Way和Larrabee North錄音室錄製,錄製時間從1990年的6月開始一直到1991年的10月。告別了黑膠唱片,《危險之旅》趕上CD的年代,整張專輯長度為七十七分鐘,共有十四首歌曲。在〈Black Or White〉的即興搖滾和反種族主義大受歡迎之後,麥可在1992年推出的單曲包括〈Remember The Time〉、〈In The Closet〉、〈Who Is It〉、〈Jam〉、〈Heal The World〉,以及〈Give In To Me〉。這張長度兩倍的專輯立即竄到排行榜第一名,持續四週。在英國,麥可也擊敗U2合唱團的《小心寶貝》(Achtung Baby),穩坐排行榜榜首。到今天為止,這張專輯在全球的銷售量是三千兩百萬張,在美國就賣了七百萬張,它被稱為「史上最成功的新貴搖擺(New Jack Swing)專輯」。令人眼睛一亮的新迷幻風格的唱片

封套則是馬克萊登（Mark Ryden）的作品。雖然這張專輯只獲得一座葛萊美獎（泰迪萊雷和布魯斯史威登 [Bruce Swedien] 的最佳工程效果獎），它在亞洲和南美洲這些新興市場的銷售成績則比之前的專輯《飆》更為亮眼。1993年傑克森榮獲葛萊美傳奇獎，使這張專輯再度重返排行榜。他和妹妹珍娜一起站在講台上，麥可譏諷地說：「看吧，我和珍娜是兩個完全不同的人。」這張新專輯的暢銷早有跡可尋，專輯正式推出的前幾天，一群持械搶匪在洛杉磯國際機場盜走了三十萬張《危險之旅》。

這張專輯創下許多新紀錄，1991年3月麥可和Sony音樂簽約，據報導這份「十五年六張專輯」的合約金額高達十億美金。報導可能誇大了點，但麥可傑克森的版稅率為史上最高則是無庸置疑的事實。有人計算過，他到2006年單憑專輯銷售就可以賺進一億七千五百萬美金。

為〈Black Or White〉MV公開致歉

1993年，麥可在加州巴莎迪那市第二十七屆超級盃美式足球賽的中場演出吸引一億三千三百四十萬人，這是美國有史以來觀眾最多的重要賽事。挾著聲勢浩大的宣傳，再加上《危險之旅》世界巡迴演出（以全世界從未見過最壯麗、最先進的演出為號召），這張專輯獲得七張白金唱片的佳績並不足為奇。〈Black Or White〉是麥可在〈Billie Jean〉之後最暢銷單曲，麥可也成為第一位在七〇、八〇、九〇年代都有單曲佔據排行榜冠軍的藝人。專輯宣傳活動剛開始，麥可對於這首歌在電台播出的次數高於瑪丹娜的〈Like A Prayer〉感到十分高興。此時麥可的吉他手是槍與玫瑰

（Guns'N'Roses）的史賴許（Slash），這支MV當然也相當受到矚目，拍攝斥資七百萬美金，由《顫慄》的導演約翰藍迪斯執導。他和麥可在創意上有許多不同意見。歌曲和MV的主題很明確：促進種族和諧融合，「不論你是黑人還是白人。」MV中出現的臉包括巴里人、蘇丹人以及美洲印地安人。影片中黑豹變形為麥可面孔的效果相當精采（在先進科技CGI的幫助下），這種在MV中加入電腦特效在當時是首開先例，令人驚豔。全世界總共有五億五千萬人觀賞過這支MV，麥可大量運用性和暴力的手勢似乎故意在挑釁。接受福斯電視台（Fox）的專訪時，麥可公開為MV中砸毀車窗和商店玻璃的暴力行為致歉，「〈Black Or White〉不管在性或暴力的破壞行為對兒童或成人造成影響，讓我覺得十分難過。我一直以來都想做個好榜樣，因此做了一些改變盡量避免影響任何人的行為。〈Black Or White〉結尾如果對兒童、家長或其他觀眾造成任何痛苦和傷害，我深感抱歉。」這是麥可傑克森的說法，媒體盡可能繼續炒熱這個議題。一則報導指出：「他真的瘋了。」然而，這張唱片還是大賣，觀眾也一直要求播出完整版MV。

1991年10月伊麗莎白泰勒嫁給拉里福藤斯基（Larry Fortensky），麥可在夢幻莊園為她主持她的第八次婚禮，護送她走上紅毯，並且欣然支付婚禮一百五十萬美金開支。出席賓客共一百七十位，其中包括美國前總統雷根以及福特、葛雷哥萊畢克。泰勒給麥可的謝禮是一隻很罕見有白化症的鳥，她說：「麥可是我認識的人中最不怪的。」同時《危險之旅》的宣傳工作也持續進行中，麥可驚人的舞步和視覺效果讓他的MV如同史詩一般經典。〈Remember The Time〉（麥可獻給重歸舊好的黛安娜蘿絲）的場景是古代埃及宮殿，麥可的老歌迷喜劇演員艾迪莫非飾演法老王，知名模特兒伊曼（Iman，1992年4月成為大衛鮑伊的夫人）則飾演劇中深被傑克森吸引的皇后，由《鄰家少年殺

| 上圖和左圖 | 即使以麥可的高標準來看，《危險之旅》世界巡迴都稱得上是最眩目、多采多姿、令人振奮的演出。

| 右圖 | 忙裡偷閒的麥可傑克森。

人事件》的導演約翰辛格頓（John Singleton）執導。另一位知名模特兒娜歐蜜坎貝爾（Naomi Campbell）在〈In The Closet〉中飾演麥可的情人，由攝影師赫伯萊茲（Herb Ritts）執導。比起其他低俗賣弄風騷的MV，這支MV有一種細膩和感官的享受，表現了真正的性感。然而這首歌的歌詞「不論我們做了什麼／不論我們說了什麼／我們都要保密」卻讓八卦延燒了數個月之久，不僅止於摩納哥史蒂芬妮公主（Princess Stephanie）擔任麥可的配音。

大衛凱洛格（David Kellogg）執導的〈Jam〉似乎刻意讓麥可看起來像一般人。他和籃球巨星麥可喬丹一起打籃球並教他跳舞，「感受全身的活力……然後爆發！砰！」他們對於能交換彼此的專業領域非常開心。由影壇傳奇人物大衛林區拍攝（作品有《象人》、《橡皮頭》、《穆荷蘭大道》）的《危險之旅》成為收藏家的珍藏。後來以執導《鬥陣俱樂部》和《班傑明的奇幻旅程》聲名大噪的大衛芬奇導演麥可的〈Who Is It〉。麥可只和一流的人合作，他網羅了所有的好手。

《危險之旅》全球巡迴演唱會

百事可樂支付二千萬美金，再次贊助麥可的《危險之旅》全球巡迴演唱會，原本預計從1992年6月開始，一直持續到1993年11月，預估有三千五百萬名歌迷參與盛會，但是由於麥可的聲帶發生問題，發生一兩次演出延遲或取消的狀況。這次的世界巡迴演出甚至遠征到麥可年輕時不曾到過的非洲國家。此外，麥可的團隊也以二千一百萬美金的價格出售這次巡迴演唱會的錄影帶版權，可以想見在當時又是一項創舉。1993年10月HBO播放麥可在布加勒斯特的演出更是吸引難以數計的觀眾。《危險之旅》世界巡迴演出的隨團人員有二百三十五人，需要十三輛訂做巴士，收益全數捐給麥可的「拯救世界基金」──基金會曾空運四十三噸的醫療器材到因戰爭而滿目瘡痍的薩拉耶佛，以及其他慈善機構。

製作經費高達一千二百萬美金的《危險之旅》專輯中的歌曲也許不如麥可和昆西瓊斯合作時期卓越，但是它走在時代尖端的節奏深受年輕族群的喜愛。泰

迪說：「感謝上帝創造麥可傑克森，他幫了我一個大忙，《危險之旅》專輯中的歌曲決定了我未來的音樂之路該怎麼走，無論發生什麼事情，我都會珍惜它。」泰迪也透露麥可曾跟他聊過許多關於他的臉和皮膚的事，「如果可以重來一遍，他不會再這樣做。」另一位製作人比爾則談到麥可不同於常人的工作方式，「他哼唱一些曲子，沒有人能像他那樣，用自己的聲音傳達音樂，不僅用歌詞，他甚至可以用鼓或合成器來傳達他的感覺。」

媒體評論

媒體對麥可的評論一向有褒有貶，《洛杉磯時報》指出：「當一個人想討好所有的人時，會有多危險呢？」繼續批評《危險之旅》是「一個裝滿各種點子的和高科技成果的摸彩袋，由一個擁有一切的人將裡面的東西發給每個人，單調無趣、沒有焦點。」《獨立報》則寫道：「模式老套令人乏味……改變的只有節奏，麥可無法面對九〇年代的改變，只好一再重複八〇年代的陳腔濫調。」有些報導忽略了《危險之旅》的實驗性和令人印象深刻的展現。麥可直到十年後才推出一張完全改頭換面的新專輯。《Q雜誌》中麥特史諾（Mat Snow）的評論比較令人愉快、準確和正面，「光是唱片封套上的象徵意義，就足夠讓流行精神病學家開一場座談會來討論。《危險之旅》滿足所有類型的歌迷對麥可傑克森的期待：侵略性和極度傷感、偏執狂和樂觀主義、神聖性和妄自誇大、創新和警告、崇高和荒謬。最重要的是，它有極度強烈的舞蹈性。」史諾注意到泰迪利用「傳統流行音樂的高低起伏」來編製專輯前六首歌曲的節奏，以及評論麥可歌唱的部分就像「詹姆斯布朗的喘氣、尖叫以及高潮般震動」之後，接著提到〈Heal The World〉有如「胰島素過量……讓夢想家合唱團（The New Seekers）的聲音聽起來像饒舌團體NWA」。結論是，「精采的作品……他將找到真愛和內在平靜嗎？多了不起的天王巨星。」

麥可對自己的專輯毫不畏縮的說：「我想做一張專輯如柴可夫斯基的《胡桃鉗》。」他聲稱，「一張永世流傳的專輯，千年之後的人們仍會傾聽，數千、數百年後，全世界兒童、青少年與父母還會不斷爭論這張專輯中的歌曲。」

「我希望它永世流傳。」

| 上圖 | 一生的影迷，麥可在表演時向卓別林致敬。

| 左圖 | 麥可在以色列的馬薩達找到一處安靜的角落。

| 右圖 | 沉思中的麥可，林恩戈德史密斯（Lynn Goldsmith）拍攝。

7

吶喊 SCREAM

　　麻煩與衝突接踵而至。九〇年代初期,麥可傑克森的生活更加混亂不安。他從不曾有「正常」的生活,而現在成為公眾注目下更眩目的焦點。「別再壓迫我!」麥可在〈Scream〉這首最直接最坦白的歌曲中向大家請求。

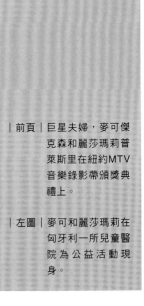

| 前頁 | 巨星夫婦，麥可傑克森和麗莎瑪莉普萊斯里在紐約MTV音樂錄影帶頒獎典禮上。

| 左圖 | 麥可和麗莎瑪莉在匈牙利一所兒童醫院為公益活動現身。

「怪胎傑克」的標籤

每天都有新的謠言八卦，然而現在它們被誇大成醜聞和震驚社會的事件。公眾輿論呈兩極化，麥可生氣地對一名記者說：「你為什麼不說我是火星來的外星人？告訴人們我生吃活雞，半夜會跳巫毒舞，他們會相信你，因為你是記者。如果我、麥可傑克森親口說：『我是火星來的外星人，我生吃活雞，然後在半夜會跳巫毒舞。』人們只會說：『天啊，麥可傑克森瘋了，腦筋錯亂了！他的話沒一個字能信……』」

至於麥可外表的變化，則令某些人著迷、某些人沮喪、某些人生氣。他抗議說：「好萊塢的每個人都整形！我不知道媒體為什麼要針對我，那不過是我的鼻子。」1993年爆發危機事件，他被控對兒童性侵害使他捲入媒體撻伐、創傷和極度痛苦的風暴中，他的形象大受打擊，這十年十分煎熬，麥可試圖使傷害降到最低，但是他令人好奇的電視訪問以及他和麗莎瑪莉令人意外的十八個月的婚姻只是火上加油。

九○年代初，麥可仍被視為一位勇敢新世紀的天王巨星。1993年1月民主黨新任總統比爾柯林頓和家人邀請麥可參加華盛頓的就職舞會，據說柯林頓的女兒雀兒喜對於要和這位流行樂壇的英雄見面而雀躍不已。麥可帶領名流合唱〈四海一家〉。《危險之旅》專輯的暢銷證實麥可在市場上仍然炙手可熱，兩個十年過渡期的轉換對麥可而言似乎非常順利，但是九○年代是這位流行音樂天王的大敵。1993年是他最可怕的一年，麥可開始對止痛劑上癮，最初是因為麥可拍攝百事可樂廣告時，發生了一場燒傷頭皮的意外，到了11月，百事可樂撤銷三千五百萬英鎊對麥可巡迴演出的贊助，這場巡迴演唱會最後取消了。麥可說：「我的內心承受很大的痛苦。」

「怪胎傑克」的標籤一直跟著他，麥可傷心地說：「『怪胎傑克』到底是怎麼來的？我也有心，也有感覺，大家這樣說我的時候，我很難過。這樣很殘忍。請別這樣說，我不是一個怪胎。」歐普拉2月在電視訪談節目上訪問麥可，這是一場別開生面，似乎很坦白

也讓人難以理解的訪談。麥可解釋他還是童星的時候必須一直工作、不能玩樂的痛苦。「我常常因為寂寞而哭，我沒有朋友，我的兄弟就是我的朋友。」歐普拉問他當時是否常常躲進自己的想像之中，麥可則回答：「沒有，我認為那是我的補償，我當時很喜愛演藝界，現在還是，但是有些時候你就是很想玩，那時我就會覺得難過。」除了宣稱他和密友布魯克雪德絲（他和她聯袂出席葛萊美獎）還在約會之外，麥可也藉機會反擊那些指控他把膚色「漂白」的人。「我得了一種皮膚異常的疾病，會破壞色素沉澱。我也不知道該怎麼辦？有些人故意捏造一些故事說我不想當原來的自己，令我很受傷。」即使如此，麥可還是堅稱自己「非常快樂」。

被控性侵男童事件

快樂不長久，當某些歌迷對麥可死忠信任的時候，許多人卻對麥可被控性侵一名十三歲男童喬丹錢德勒（Jordan Chandler）感到震驚不已。麥可爭辯說：「我寧願割腕也不願意傷害兒童，我絕不可能這麼做，你們不曉得這種謠言多傷人。」這件案子造成長達數個月的喧騰，但最後麥可和錢德勒家族以數百萬美金的代價庭外和解，確實的金額每篇報導不一，但麥可的這個決定（很可能是個糟糕的建議）並無法讓事件平息，事實上和解之後的八卦和謠言反而更多了。

喬丹錢德勒出生於1980年，比麥可小二十二歲，一直是麥可的歌迷，他學習麥可的舞蹈，也學他戴手套。他們第一次見面，麥可送給他一本繼《月球漫步》之後出版的禮物書《舞夢》（*Dancing The Dream*）。他們變成好朋友，麥可邀請喬丹以及他的母親和妹妹到夢幻莊園作客，給他們看一些昂貴的禮物。麥可也在公開場合展現他們的交情，他們穿著同款式的衣服一起出席有五億電視觀眾收看的摩納哥的「世界音樂獎」，麥可獲頒「本世紀全球最暢銷藝人獎」。（麥可此時也開始建立自己的唱片品牌MJJ，發行《威鯨闖天關》原聲帶，主題曲為麥可的單曲〈Will You Be There？〉）

在錢德勒家族向警方報案之後，聖塔芭芭拉的檢察官開始調查麥可。報紙頭條寫著：「彼得潘是偽裝

的吹笛人嗎？」「他是真的危險，還是只是想法與眾不同？」帶著搜索令的警察徹底搜索夢幻莊園以及麥可世紀城市的公寓。警察帶走好幾箱的「證據」，包括照片、錄影帶等等。麥可的律師魏茲曼（Howard Weitzman）打電話給這位受到震驚的歌手，聽到他說：「全世界的人都知道我喜歡小孩，他們怎麼可以這樣對我？」初期的電視民調顯示只有百分之十二的民眾相信這項指控。麥可努力在曼谷完成一場演唱會，宣稱生病取消下一場演唱會。他開始服用大量的止痛劑，他打電話給他視如母親的伊麗莎白泰勒，她和她丈夫飛到新加坡與麥可會面。她告訴記者，「這件事情太恐怖了，麥可喜歡小孩，絕對不會傷害他們。我相信麥可絕對是無辜的。」伊麗莎白泰勒的訪問中提到「敲詐」這個字眼。隔天是麥可的三十五歲生日、一個黯淡的生日。他取消更多場的演唱會，偏頭痛令他痛苦萬分。他的父母和兄弟飛到台灣與他會面，麥可表示自己永遠都不會再回洛杉磯。

身心俱疲

好萊塢的名流聚集起來替麥可打氣。錢德勒家族雇用昂貴的律師，麥可的精神開始恢復，他參加俄國軍人在紅場的行軍，一塊看板上寫著「麥可，俄國愛你！」接著他跟伊麗莎白泰勒和她先生到日內瓦度假，又去了布宜諾斯艾利斯。當雙方律師在洛杉磯你來我往的時候，錢德勒則被精神病理學家和檢察官輪流拷問。麥可的律師團隊建議他回洛杉磯，但他卻因為害怕被逮捕而寧願繼續待在波多黎各和墨西哥。1993年11月8日，當許多傑克森家族成員去參加麥可祖父山謬傑克森（Samuel Jackson）的葬禮時，警方對海溫赫斯特進行搜索，這讓麥可再度陷入絕望。他撐過11月12日在墨西哥最後的演出後就搭乘包機前往英國盧頓，選擇盧頓是希望當地的狗仔隊比倫敦少。麥可對媒體發出一捲錄音帶聲明。

「我離開美國世界巡迴演出，成為他人敲詐的對象，之後又被控做出恐怖又令人忿怒的舉止。我覺得自己被侮辱，我感到很困窘、很受傷也很痛苦……這些不實的指控帶給我極大的壓力，再加上這次世界巡迴演出需要消耗我極大的精力，我覺得身心俱疲。

| 左圖 | 麥可與他的新婚妻子。

| 右下圖 | 當這對超級巨星夫婦拜訪匈牙利時，吸引歌迷追星的盛況。

我越來越依賴止痛劑來撐過這次的巡迴演出……我發現如果我想恢復健康，這次的巡迴演唱會勢必無法完成，我必須取消下面的演出。我知道我會克服這些難關，這次的經驗將讓我更堅強。」麥可的公關人員證實了演唱會取消的消息，也證實了麥可對止痛劑的上癮起源於1984年百事可樂廣告的意外。錄製《阿達一族2》主題曲和拍攝MV的計畫也跟著取消。《時人雜誌》的封面頭條寫著：「麥可傑克森垮了。」Sony唱片則宣稱他們會給予麥可「無條件的堅定支持」。

起身反擊

搭乘汶萊的蘇丹這位富有歌迷的私人飛機回到洛杉磯，麥可迂迴繞行地回到夢幻莊園，當他看到一大群電視媒體工作人員、攝影師和記者圍繞時，他的心就不停地往下沉。1994年麥可被警察脫光搜查並拍照，他對媒體說：「這是我人生中最羞辱的折磨，沒有人應該被這樣對待，這是恐怖的噩夢，但是如果我必須忍受這種折磨才能證明我的無辜，我完全的無辜，那就這樣吧。各種媒體利用機會不停地剖析操弄這個事件，他們自行達成結論，我請求你們等到真相大白時再來評斷，別把我當成罪犯，因為我是無辜的。」

多次來來回回之後，麥可和錢德勒在1月25日達成協議。有些報導說協議金額在二千萬美金，有些報導則更高。然而這次事件對麥可的形象、驕傲和自尊的傷害已經無法評估，幾個月後，這位巨星說：「我問律師說他能否保證司法一定會有正義，他說他無法保證法官或陪審團會怎麼決定，所以我說我必須採取行動脫離這場噩夢。這些誹謗我的人都是為了錢而上談話性電視節目。他們說的全是謊言、謊言、謊言。這種情形可能會持續好幾年，所以我召集我所有的顧問，一致決定對這件事情該做個了結。」檢察官一直到隔年9月才決定不起訴麥可，因為原告不願意或不能繼續做證。

麥可的律師說：「麥可傑克森該回復平靜的生活了。」

與貓王之女的婚姻

麥可也開始這麼做。1994年5月麥可娶了貓王的女兒，他狂喜地說：「我真的體會到真愛的意義。」

5月26日麥可和他的新歡在多明尼加共和國悄悄地完婚，這也是這段婚姻最安靜的時刻。流行音樂天王和搖滾樂之王的女兒的結合絕對是媒體的焦點，許多人批評這是一種宣傳的伎倆，藉以轉移媒體對麥可醜聞的注意力，重新塑造麥可性向的形象。這段婚姻被認為是要讓麥可看起來比較「正常」的手法，事實上由於雙方都是名人，使得各種猜測滿天飛。麥可在婚姻初期時幽默地說：「仔細想想，沒人認為這段婚姻能夠持續下去。」事實上也的確如此，麗莎瑪莉在1996年1月提出離婚，原因是兩人有無法彌補的差異。

如果有人明白並理解麥可生活的奇怪之處，那個人非麗莎瑪莉莫屬。很少人可以想像名聲帶給麗莎瑪莉的莫大壓力和後果，更別說應付了。麗莎瑪莉是貓王的獨生女，1968年2月1日出生於田納西州的曼菲斯市。麗莎瑪莉一直住在父親的「優雅園」（這也許是麥可「夢幻莊園」的靈感來源），直到她的父母在1973年離婚為止，之後她就分別住在「優雅園」和她母親在比佛利山莊的房子。她從小就習慣奢華的生活以及眾人的注目。貓王的私人噴射機便是以她的名字命名。1977年貓王過世之後（可說是麥可過世前最重大的名人逝世事件），麗莎瑪莉就一直跟母親住在一起，但她們母女關係不太好，麗莎瑪莉宣稱母親花太多時間在拍攝電視影集《朱門恩怨》，而且母親的男友麥可愛德華（Michael Edwards）對她有不當的舉動，因此麗莎瑪莉很早就開始叛逆：她二十歲嫁給音樂家丹尼基奧（Danny Keogh），生了兩個孩子（丹妮爾芮莉 [Danielle Riley] 和布麗姬特史東 [Bridget Storm]）。1994年4月麗莎瑪莉宣稱她和丹尼基奧已經和平地分居（他們至今都還是好朋友），她飛到多明尼加共和國辦理「快速」離婚。5月6日離婚，二十天後她就嫁給了麥可傑克森。

這對不太像真實的巨星夫婦在1975年初次見面，

|上圖|麥可傑克森與傳奇默劇人物馬歇馬叟會面。

那時年輕的麗莎瑪莉看了幾場麥可傑克森在賭城的演出,當他們再度重逢的時候,「事情進展地很快」。他們每天講電話,麥可在電話中求婚。據報導伊麗莎白泰勒曾說,麥可說他愛上了麗莎瑪莉,想要娶她。龐大財富的繼承人麗莎瑪莉說:「他需要我,他需要一個跟他一樣年輕、充滿活力的人,我的未來就在前方,麥可的也是。」

媒體頭條:「世紀最奇怪的婚姻」

麥可在米高梅豪華花園劇場拍攝《傑克森榮耀家族》(*Jackson Family Honors*)時,麗莎瑪莉剛好也在

賭城,1994年2月麥可邀她去聽誘惑合唱團的演唱會,他們就已十指交握,之後麗莎瑪莉和她的孩子也去拜訪麥可的「夢幻莊園」。麥可說:「麗莎最吸引我的一點就是,她跟動物園裡的動物處得很好。」唐納川普(Donald Trump)說:「他們看起來就像所有熱戀中的情侶一樣。」其他人則說:「她為他瘋狂,也許有人不信,但這是事實。」據說麥可用禮物和鮮花進行追求,他們在多明尼加的一個小村莊La Vega結婚。如果他們的婚姻也是一種宣傳活動的話,媒體幾個星期之後才發現這件事不是很怪?他們在Casa De Campo度假村度蜜月,一名新聞記者詢問伊麗莎白泰勒關於麥可之前的謠言,她說:「這是我聽說最好笑的事情

了，麥可傑克森的腦筋很清楚，他沒發瘋！」這對新婚夫婦去了迪士尼樂園。麗莎瑪莉稍後說道：「貓王喜歡穿制服，麥可也是，貓王喜歡遊樂園，麥可則擁有一座自己的遊樂園。」結婚的消息曝光之後，麗莎瑪莉說她很愛他，他們保密是因為不想讓「快樂時光」變成「媒體馬戲團」，但是現在馬戲團開始了，媒體頭條閃爍著「世紀最奇怪的婚姻」。

當對麥可惡意指控的情況更加惡劣時，有些新聞記者認為麥可這麼做不只是為了刻意誇大他的「雄性激素形象」，更是為了貓王的歌曲版權。麥可說出不同版本的求婚故事，他說他是在「夢幻莊園」的客廳，看完《彗星美人》後，他拿著戒指向麗莎瑪莉求婚。他說：「我們都很喜歡那部電影。」在麥可飽受煎熬的時期，麗莎瑪莉給予麥可情感上的支持，她擔心他的健康，也為他的藥物上癮憂心。她說：「我相信他沒做錯事，那些是不實的指控，我愛上他，想要救他，我覺得自己做得到。」她說服他和錢德勒和解，也勸他尋求醫療幫助。2009年麥可逝世的時候，麗莎瑪莉發表一紙聲明說她覺得自己「失敗」了，無法拯救麥可走上「無法避免」的路。「在各方面都是很大的損失。」她說。

〈You Are Not Alone〉MV

1995年，他們一起拍攝麥可的最新單曲〈You Are Not Alone〉，希望以此證明他們的相愛，他們公然表達對彼此的感情，在粉紫色的布景前，他們擁吻跳舞，麗莎瑪莉只圍著一條浴巾，麥可也幾乎全裸。1994年的9月，麥可和麗莎瑪莉首次以夫婦的身分一同出席在紐約無線電城音樂廳舉行的第十一屆的年度MTV音樂錄影帶頒獎典禮，他們在數百萬電視觀眾面前擁吻。1995年6月，麥可新專輯《歷史之旅》（HIStory）發行之際，這對夫婦一起接受黛安索耶（Diane Sawyer）在ABC電視台的訪問，他們談到年輕時的會面以及最近的相遇，談到可能會搬到瑞士，在那兒養兒育女。麗莎瑪莉嘲笑那些認為他們婚姻是騙局的說法：「我為什麼要嫁給我不愛的人？我仰慕他、尊敬他、愛他。」不幸的是，麥可氣憤地談到關於錢德勒的指控：「那全都是謊言。」這破壞了協議的保密約定，錢德勒又提出新的訴訟（當然再度私下和解）。為了改變這個話題，麗莎瑪莉面對黛安，公開地說：「我們有性生活嗎？問吧，這不就是妳想問的？有，有，有！」

然而不久之後，麗莎瑪莉就帶著孩子跟前夫丹尼基奧到夏威夷度假，這齣童話到此告終。

紛擾難熬的九〇年代

麥可在排演HBO電視特輯《僅此一夜》（One Night Only）時生病住院，麗莎瑪莉前往醫院探視，但他們談論的卻是離婚細節，麗莎瑪莉獲得大筆贍養費，還有《歷史之旅》部分版稅收入。麗莎同意她絕對不會將他們的緋聞故事寫成書出版。1996年1月18日，他們在洛杉磯離婚，麗莎瑪莉拿掉了夫姓傑克森。離婚之後，她和珍娜傑克森有一段時期變得十分親近，但和麥可卻很少見面，強調他們「只是朋友」。（2005年她為麥可出庭作證，聲明她從未見過任何「不合宜的舉止」。）2002年，她與演員尼可拉斯凱吉結婚，他是貓王的歌迷，婚後僅僅一百零八天，他提出離婚。2006年，麗莎瑪莉已是出片藝人，她的第四次婚姻在日本舉行，嫁給製作人與吉他手麥可洛克伍德（Michael Lockwood），由前夫丹尼基奧擔任伴郎。

奇怪的是，麥可不久之後也再度結婚，1996年，他與護士黛比羅葳（Debbie Rowe）結婚，育有兩名子女。雖然展望未來，但麥可製作的卻是《歷史之旅》，專輯全名是《歷史之旅：昨日、今日、明日，第一輯》（HIStory: Past, Present, And Future - Book One）。《歷史之旅》在1995年6月發行，以雙CD的形式發行，一張是熱門歌曲精選、一張新歌。新歌包括麥可最膾炙人口的歌曲，像是〈You Are Not Alone〉（之前提到的、麥可跟麗莎瑪莉拍攝的MV）、〈Scream〉和〈Earth Song〉，也包括曾收錄在《飆》專輯中的披頭四歌曲〈Come Together〉。這是麥可傑克森的首張精選，他接下來又再度推出幾張精選專輯。〈Scream〉是有史以來製作費用最高的MV，或許也最能深入表達在這段困難時期中麥可心靈的痛苦折磨。

Chapter 8

赤色風暴
BLOOD ON THE DANCE FLOOR

　　《歷史之旅》是另一次商業上的大成功，儘管麥可麻煩纏身，其銷售量還是達到二千萬張。雖然麥可不太滿意這個數字，但也許還是得接受現實。這樣的銷售紀錄並非無人能及。只是很明顯的，絕對沒有任何人能夠再次達到《顫慄》顛峰時期的銷售額，而這次新專輯的亮眼成績也只是再次證明了四十歲的麥可依然「寶刀未老」。

〈Scream〉強烈表達麥可對外界的憤怒

《歷史之旅》剛推出時的主打單曲是〈Billie Jean〉、〈飆〉,以及其他年代的熱門歌曲,然後才開始宣傳新歌。麥可說:「我相信完美,也試著將每件事情做到完美,我相信完美的執行,執行的成果如果不能達到99.9%的高分,我就會十分沮喪。」〈Tabloid Junkie〉和〈Smile〉這些歌曲讓樂迷得以一窺麥可矛盾的心理狀態。麥可在這張專輯中也展現了他對樂器的熟稔度,他彈鍵盤、玩合成器、彈吉他和打擊樂器(這是他第一次在專輯中表演樂器)。這張專輯的第一首單曲是〈Scream〉,是首精確表達怒氣的歌曲,十分令人驚豔,由麥可和現在同為巨星的妹妹珍娜傑克森合唱。珍娜認為她現在已經證明自己實力唱將的地位,不需要再擔心有人說她「搭麥可的順風車」。珍娜在MV中的個人魅力也完全不輸麥可。據說這支MV的製作費用高達五百萬美金,是有史以來最高的。令人驚豔的黑白、科幻般的影像,加上兄妹倆外放、懺悔,以及性感的手勢,這支MV可說是他們全部作品

中最好的其中一支,共贏得三次MTV大獎,一次葛萊美最佳音樂錄影帶獎。這支單曲透露麥可的掙扎,他想要控制自己對報章雜誌誇大以及一再重複報導謊言的怒氣。歌詞「別再壓迫我!」強烈要求也命令媒體的自制。

下一首單曲〈You Are Not Alone〉則因為麗莎瑪莉幾乎全裸的演出(麥可也一樣)而聲名大噪,這支單曲在全球的銷售量高達三百萬張,也是第一首一發行就佔據告示牌排行榜第一名的單曲,不可否認的,它的暢銷跟麥可傑克森和麗莎瑪莉的婚姻有絕對關係。接下來的〈Earth Song〉也是百萬銷售金曲,它成為英國人聖誕節時期的熱門歌曲,也是麥可在英國最暢銷的單曲。這支單曲的MV是探討人類濫用地球資源的傑作,麥可以救世主之姿請求大家為了後代子孫保護環境。如同麥可其他的歌曲一樣,這支單曲傳達的訊息很清楚,跨越了不同語言、文化和地理環境的藩籬,將它的訴求,如同它的歌名一般,散布全球。另一首引人注意的單曲〈They Don't Care About Us〉則引起相當大的爭議,「反毀謗聯盟」(編按:美國一個著

| 左圖 | 麥可傑克森戴著招牌軟呢帽。

| 右圖 | 〈Earth Song〉史詩般的現場表演。

| 下圖 | 麥可與曼德拉在南非會面。

名的猶太組織）認為這是首「反猶太」的歌曲,麥可道歉並改掉歌詞,他說:「這首歌曲的原意是要反對偏見。」

《歷史之旅》全球巡迴演唱會

接下來這場世界巡迴演唱會的用意是要重新鞏固麥可流行音樂天王的地位,並挑戰那些認為麥可巨星地位搖搖欲墜的說法,總共包括八十二場演唱會,橫跨五十八座城市,參與的歌迷高達五百萬人。事前為這次巡迴演出及專輯所做的鋪天蓋地的宣傳活動,也許是他歷來風格最強烈、最引人注目的一次。麥可推出一支MV,他走在數千名軍官前面,周遭都是直升機和爆炸場景,女孩昏倒,小孩尖叫。在歐洲,Sony唱片製作數個巨大的麥可雕像,讓它們在大城市的主要河流中順流而下。倫敦的泰晤士河就出現一座高達四十英呎的麥可雕像站立在船上順流而下。1996年9月7日,這場全球巡迴演唱會在布拉格揭開序幕,1997年10月25日,在南非的達拉謨落幕。當麥可在南非時,麗莎瑪莉去看他,告訴他:「我原諒一切。」

在《旋律創作者》雜誌中,克里斯羅柏茲對麥可1997年7月26日在溫布雷體育場表演的評論是令人目眩神迷的幸福感受(如同本書開頭介紹所提)。我認為有些媒體對這次全球巡迴演唱「出人意表地令人膽戰心驚的尖酸評論」,背叛了流行音樂。我的評論寫道:「他當然覺得自己是神,這正是重點所在,他有巨星的信念,雖然這幾年有些難熬,但對神而言,這

些短暫的醜聞都不足為念。」接著結尾:「可以和麥可傑克森生活在同一個世紀、呼吸相同的空氣是一種恩賜,請記得感恩。」時間不停流逝,人們也很難再無條件地相信什麼了。

與護士黛比羅葳的二度婚姻

似乎覺得這次的全球巡迴演唱會還不夠轟動一樣,麥可在1996年的時候在澳洲再婚了。瑪丹娜不是唯

| 左圖 | 麥可飾演〈吶喊〉MV中的一角。

| 右圖 | 在鏡頭前沉著自如的麥可，1995年拍攝。

一一個想問「到底黛比羅葳是誰」的人。即使是麥可最忠實的樂迷也嚇了一跳,麥可和皮膚科護士羅葳育有兩個孩子。對於抱持懷疑態度的新聞報導,羅葳的回應是:「我不是為了錢才嫁給他,我嫁給他的原因是因為我愛他,那是唯一的理由。」他們的兒子原名為麥可約瑟夫傑克森二世(Michael Joseph Jackson Jr.),在他們離婚之後改為普林斯(Prince Michael Jackson),他們的女兒出生於1998年,命名為芭莉絲(Paris Michael Katharine Jackson)。

傑克森被診斷出罹患導致皮膚異常的「白斑病」之後初遇羅葳。她追隨他走遍全世界護理他的病,兩人的關係日益親密。她剛懷孕,傑克森的母親凱薩琳便鼓勵他們結婚。「我和他的友誼對我至關重要,婚姻若是妨礙我們的友誼,我們就不會論及婚嫁。」羅葳說。這場婚禮在澳洲雪梨喜來登飯店的巨星套房裡舉行。他送她一只鑲二點五克拉鑽石的白金戒指。

這就是傑克森,他一向不按牌理出牌,不假思索即爆出驚人之舉。他坦承女兒芭莉絲在比佛利山莊剛出世,他欣喜若狂地想立刻把她從醫院接回家,於是他將她落地時血淋淋的胎盤用毯子包起來帶在身邊。「我覺得自己站在世界的頂端。」羅葳堅稱。為了保護孩子避免讓他們曝光,有時甚至得蒙上面紗或戴面

| 左圖 | 幸福的家庭：麥可、黛比和他們的兩個孩子，麥可約瑟夫傑克森二世和芭莉絲凱薩琳傑克森。

| 右圖 | 麥可在巴莎迪那市第二十七屆超級盃美式足球賽中場中著名的表演。

具。這種做法再度引發更多爭議，質疑麥可撫育孩子的能力。1999年離婚之後，羅葳同意將兩個孩子的監護權全部交給這位歌手。

《赤色風暴》

1997年，麥可推出下一張專輯《赤色風暴》（《歷史之旅之混音版》），重新混音《歷史之旅》中的八首單曲，另外加上五首新曲。全球的銷量超過六百萬張，成為史上最暢銷的混音專輯。雖然僅勉強擠入全美排行榜前二十名，但仍獲得了白金唱片。它榮登英國的排行榜冠軍，麥可與傑出的製作人泰迪萊雷聯手製作這張性感十足的專輯，是他此生在英國最後一首冠軍專輯。克里斯羅柏茲曾在英國的《UNCUT》上發表對這張專輯的評論：「雖然我對這張專輯『混合行銷的概念』嗤之以鼻，認為想一網打盡從三〇年代歌舞片之王佛雷亞斯坦到搖滾樂團齊柏林飛船〈Moby Dick〉所有世代樂迷的做法，會削弱宣傳效果，但是我對其中三首歌曲卻讚譽有加。〈赤色風暴〉是「麥可最不朽的單曲：充滿不平、憤怒、輕蔑，他重新發現自己敢無禮的說話……這樣的表現對他有好處嗎？」當然有。這張專輯最精采的一面，就是麥可反映出他內心除了壓抑的瘋狂之外，還有強烈的憤怒。

〈Ghosts〉和〈Is It Scary〉「不連貫的表達、欲拒還迎……他是一個狂熱、悸動人心的新靈魂歌手。」〈Morphine〉「驚人，不和諧的搖滾樂。」〈Superfly Sister〉表現平淡無奇。「整體來說，我們對於自己有時並不看好他的作品也感到不可思議。」

《富比士》報導，傑克森在1996年賺入三千五百萬美金，1997年又有兩千萬美金進帳。但他嚴重超支的花費讓他陷入經濟吃緊的窘境。他的父母，喬和凱薩琳在1999年3月宣告破產。麥可雇用一位新的經理人阿瓦里德親王（Prince Alwaleed），一位沙烏地阿拉伯的皇室成員，他們共同打造「王國娛樂公司」，投資主題公園、飯店、餐廳及拍電影等生意。他繼續從事慈善工作，直到1990年底才真正開始產生影響力。《麥可傑克森和他的朋友》慈善義演在德國和韓國的活動均募得巨額善款，他與帕華洛帝在義大利摩德納《戰地的孩子》慈善音樂會中聯袂演出，救濟科索沃難民。他也為紅十字會、聯合國教科文組織和「納爾遜曼德拉兒童基金會」募得大筆款項。他的名聲逐漸恢復。2000年，他個人因支持三十九個慈善團體而創下了世界金氏紀錄，他捐助慈善事業的數字超過任何一位名人。如水星般機敏善變的慈善家麥可傑克森在進入二十一世紀時，一定覺得自己安然過關，熬過了那段最艱難的日子。他是個父親。他懷抱希望。

Chapter 9

哭泣 CRY

這是個讓他快樂不起來的世紀。2001年他挾著個人聲勢東山再起,發行的《萬夫莫敵》(*Invincible*)——是十年前《危險之旅》(1991年)之後發行的第一張全錄音室專輯——贏得雙白金唱片,銷售量逾八百萬張。就麥可的水準來說,這樣的銷售量並不盡理想,媒體認定這張專輯是失敗的作品。傑克森自己把事情搞砸了,卻與Sony發生爭執,而他這麼做並無濟於事。這張唱片的製作成本號稱三千萬美金。傑克森將宣傳不力的責任歸咎於Sony總裁湯米摩托拉。他聲稱,公司要求六位數的金額「支付他們的行銷成本」。Sony抗議,反稱他們為一個「令人失望」的企畫案投下鉅資。傑克森指控摩托拉種族歧視,他說如果他是白人的話,唱片公司會為他的專輯做更多事。這個抨擊震驚了他周遭的人,敢附議這個敏感議題的也只有他的親兄弟們。當時就算阿爾夏普頓牧師(Rev. Al Sharpton)想挺傑克森,也不得不承認摩托拉「一向不遺餘力的支持黑人音樂界」。傑克森怒斥,「樂壇的大人物都是騙子,他們操弄歷史。你如果走進街角的唱片行,絕對看不到半張黑人的臉,只會看到貓王和滾石樂團。自從我打破了貓王和披頭四的銷售紀錄,他們就開始扯我後腿。這是個陰謀。他們還說我是個怪胎、同性戀和戀童癖。」他指責娶瑪麗亞凱莉為妻的摩托拉是一個「惡魔」。Sony反擊,說麥可的言論「荒唐可笑、惡意中傷」。一年後,摩托拉不再擔任Sony總裁,不知是否受到這件事牽連,傑克森與Sony因關係不睦而各分東西。

《萬夫莫敵》

麥可在2001年3月飛到紐約入主「搖滾樂名人堂」，他是史上獲得這項殊榮最年輕的歌手。他說，「我寧願接受歌迷對我的讚美，也不願去想仇人名單上的那些人。」那個月稍後，一向出奇不意的傑克森出現在英國牛津大學的牛津學聯辯論會中，幫「拯救兒童基金會」慈善基金會宣傳造勢，而他突然在觀眾面前落淚。他談到他失去的童年，「我想當一個平凡的小男孩……但是父親卻給我一個截然不同的人生，我只能羨慕周遭不斷響起的笑聲與別人玩樂的時間。」他接著說，他覺得「他的肩膀背負著過去的重擔」。「所有人都因為有了童年，才有今天的我們。」他告訴牛津的觀眾。「而我是個沒有童年的人。如果沒有被人疼愛的記憶，你注定走遍全世界尋找某些東西來填補你空虛的心靈。」

《萬夫莫敵》發行了五種不同顏色的唱片封套，暢銷曲有〈You Rock My World〉（以克里斯塔克 [Chris Tucker] 參與MV演出和Jay-Z重新混音為號召）、〈Butterflies〉、〈Cry〉、〈Unbreakable〉（與比吉史摩爾斯 [Biggie Smalls] 合唱）。《Blender》的編輯提到，「我不認為他在音樂方面還有任何潛力。他在電視上很紅，也廣受閒話家常的談話節目歡迎。人們轉台是為了要看他又做了什麼事，但是他們不再買他的唱片了。現在幾乎很少人在聽他的唱片，也沒有人再想起那個膽小、行為怪異的人。」麥可仍然勇敢地籌畫他自己狂妄的宣傳演出，慶祝他單飛三十週年紀念。9月7日和10日在紐約的麥迪遜廣場花園舉行的兩場演唱會門票迅速銷售一空。當這場表演11月在CBS電視台播出時，吸引了四千萬名觀眾觀賞，成為CBS有史以來收視率最高的音樂特別節目。他邀請的明星包括惠妮休斯頓、亞瑟小子（Ushre）、雷查爾斯、史賴許、賈斯汀、超級男孩（N'Sync）、瑞奇馬汀、葛洛麗雅伊斯特芬（Gloria Estefan）、天命真女（Destiny's Child）、麗莎明妮莉、狄昂華維克和路瑟范德魯斯（Luther Vandross）。布蘭妮（Britney Spears）與麥可同台合唱〈The Way You Make Me Feel〉，但這段演出在電視播出時被剪掉了，布蘭妮為此老大不爽。麥可也邀請知名演員馬龍白蘭度發表

┃左頁┃麥可單飛三十週年慶
　　　於麥迪遜廣場花園和
　　　賈斯汀（上）及布蘭
　　　妮（下）一起演出。

┃右圖┃鏡中人的影子，攝於
　　　2005年。

演說，某些報導說他是受了百萬美金的慈惠而上台。七十七歲的白蘭度──一位總是想和傑克森比誰最怪的偶像巨星──不著邊際的演說引來觀眾的噓聲，這段畫面在電視播出也經過重新剪接。白蘭度致詞之後，進入真正的高潮。麥可和他的兄弟們從1984年以後第一次同台演出，帶來讓全場熱血沸騰的熱門歌組曲如〈ABC〉、〈I Want You Back〉、〈The Love You Save〉和〈Can You Feel It〉。

演出成功的歡樂沒維持多久，隔天爆發的九一一恐怖攻擊事件震驚全美。據報導，當曼哈頓的交通恢復暢通後，麥可立即帶著馬龍白蘭度和伊麗莎白泰勒到紐澤西一個「安全之處」，留珍娜傑克森一人安排開車載其他家人返回加州。麥可馬上召集藝人，為九一一事件罹難者在華盛頓特區RFK體育場舉辦一場

慈善義演，名為「團結起來，貢獻己力」。

將嬰兒秀給歌迷看的舉止再度引起風波

不久後，他做了一件驚人之舉，為他傳奇的人生又添增一件惹人非議的事蹟。有人說，最早知道這件事的是馬龍白蘭度，麥可從洛杉磯白蘭度的戲劇課回家途中，在長禮車裡向他透露這個消息：麥可傑克森第三度當爸爸。2002年2月，他將他的男孩展示給全世界看，至今他用布包裹孩子的習慣仍然令人費解。傑克森表示，「我和這位母親有私交。」他坦承次子普林斯麥可二世（Prince Michael II）是透過人工受孕生下的孩子。之後他修正說，精子是他自己的，但他並不認識那位代理孕母。但在另一個場合他又說，

GO BACK
TO HELL
MOTTOLA!!

|上圖| 另一個得獎之夜：麥可出席德國的「班比獎」頒獎典禮。

|下圖| 麥可對Sony總裁湯米摩托拉表示嚴重抗議。

|右上圖| 被控告取消兩場演出的麥可出庭應訊。

代理孕母是黑人。更怪的是，嬰兒的乳名叫「毯子」（Blanket）。11月，當鏡頭逮到住在柏林飯店套房的傑克森將襁褓中的嬰兒抱出陽台護欄外，這名嬰兒便佔據了全世界的新聞版面。他用白布包住孩子，僅用一隻手臂將他舉起，懸在五十呎高的半空，歌迷見狀無不膽戰心驚。不過傑克森似乎忽然意識到把嬰兒秀給歌迷看的舉止太過輕率，馬上安全地將男嬰抱回屋內，有驚無險地避免一場悲劇。他的行為引起廣大批評，他對媒體說，「我當時實在太興奮了，我不是故意要讓我的孩子處於危險的狀況。」他不具公信力的靈媒好友烏力杰勒為他辯解，說麥可抱出去的不是真的小孩，而是一個塑膠娃娃。整個事件是一場傑克森應該要避免的公關災難。《週日獨立報》報導，「麥可傑克森這十年來，無論怎麼努力都很難重返他事業最輝煌的時期。而在這六個月內，他更以空前絕後的速度下滑。如果傑克森曾是『流行音樂天王』，現在似乎有人質疑他的王冠已經摔成了碎片。」

有關於傑克森正在寫童書和《月球漫步》續集的想法，也都不了了之。2002年，傑克森成立的「拯救世界基金會」因為沒有申報年度報表，被加州政府刪減扣抵稅額，對他又是一個打擊。麗莎明妮莉和大衛吉斯特（David Gest）的婚禮讓他稍微喘了一口氣。他與提托傑克森擔任伴郎，伊麗莎白泰勒則是婚禮首席女儐相；出席婚宴的歌手還有惠妮休斯頓和東尼班尼特（Tony Bennett）。然而在這段期間，媒體又更進一步地侮辱他。《富比士雜誌》稱麥可的事業已「終止授權」，《時人雜誌》稱他是「年度最大的失敗者」。《浮華世界》的一篇報導說他想對昔日好友史匹柏和葛芬施一種「巫毒咒」。演唱會籌辦人馬塞爾阿伏蘭（Marcel Avram）控告他違約取消幾場演唱會。8月的MTV台年度音樂錄影帶獎頒獎，布蘭妮為麥可獻上生日蛋糕，隨口說出「千禧藝人」這幾個字，麥可會錯了意，在台上致詞感謝大家給予他的榮耀。新聞界笑他自作多情，MTV聲明他們「只是想祝他生日快樂」。

《和麥可傑克森一起生活》節目的殺傷力

次年是更艱苦難熬的一年，天王巨星遭到致命重

創。2003年2月6日，英國的ITV電視台和美國的ABC（付英國五百萬美金播映費）播出兩個小時由英國製作的紀錄片。烏力傑勒向麥可引見ITV的採訪記者馬丁巴索（Martin Bashir），這位野心勃勃的英國記者因揭露黛安娜王妃的自白而聲名大噪。不知道是什麼原因，十年來一直對自己的形象嚴格把關的傑克森，不經考慮便答應讓巴索和攝影團隊「自由進出」他的私人領域夢幻莊園。在《和麥可傑克森一起生活》節目中，歌手承認他和小男孩們「睡在一起」。他對受到震驚的採訪者說，「為什麼不和別人分享你的床呢？和別人分享你的床，是最愛他的表現。」鏡頭繼續拍攝，傑克森說他每次看到父親就會覺得「反胃」。他聲稱他的鼻子只開過兩次刀（為了要幫助他呼吸和唱歌）。傑克森也表示他無節制的購物花費令人咋舌。這個節目其他令人不安畫面還包括一名曾罹患癌症的十二歲男孩蓋文阿維佐（Gavin Arvizo）親熱地摟抱傑克森，告訴大家他有一天晚上睡在麥可床上。麥可說，「我是彼得潘。」彷彿這麼說可以解釋一切，但巴索斷然反駁他的話，「你是麥可傑克森。」這位巨星說，「我心裡認為自己是彼得潘。」

涉嫌性騷擾遭到逮捕

傑克森馬上提出抗議,認為這段畫面會抹黑他的形象。然而,已經擋不住如排山倒海而來的輿論。侵害兒童的故事再度傳得沸沸揚揚,2003年,他因涉嫌對蓋文阿維佐性騷擾遭到逮捕。傑克森以三百萬美金交保獲釋。這個事件成了近代媒體瘋狂追逐的事件之一,案子直到2005年才開始審判。傑克森天真地對法庭外忠心耿耿的歌迷示好也無濟於事。他在聖塔芭芭拉地方法院監獄的檔案照片在所有的報紙上曝光。經過四個月的審判,付了昂貴的訴訟費用,自認問心無愧的傑克森被判無罪。

但這場官司對他的名聲和事業已經造成重大傷害,他的鬥志被整垮了。冠軍單曲精選輯《獨一無二》(Number Ones)的命運也因接踵而至的醜聞而黯淡無光。(更令人尷尬的是,這張專輯中只收錄一首新歌〈One More Chance〉,而創作者勞凱利 [R. Kelly] 於2002年因持有兒童色情照片遭到逮捕,後來也無罪釋放。)傑克森的家被調查員翻得亂七八糟,夢幻莊園遭到搜索,他也被搜身,顏面無存。他的財務狀況出現危機:據說他欠貸兩億美金,演唱會籌辦人阿伏蘭打贏了官司獲償數百萬美金。一名會計師證實,麥可每年花掉三千萬美金,支出遠超過所得。八卦媒體還報導麥可傑克森得了皮膚癌。

儘管被判無罪,但在傑克森脆弱的心靈上,這個代價顯然無法估計。他最後終於被迫廉價出售夢幻莊園的股份,自此成為許多人眼中的放逐者,過著不斷從一處遷移到另一處的游牧生活。他受邀以貴賓的身分帶著他的孩子到了巴林,巴林酋長的兒子是傑麥恩的朋友,但後來的結局也教人失望:這位酋長控告他沒有履行一本書和音樂的合約(他們庭外和解)。重要資產的增值暫時抒解他的經濟窘境。Sony唱片2009年初提議,他們願意在他無法償還貸款時,向他買下Sony/ATV包括披頭四的一半音樂版權。

隱退或即將復出?

「那場官司之後,麥可再也沒有回到夢幻莊園。」拉托雅傑克森說。「他再也不想看到它。那些回憶實

在太可怕了。」夢幻莊園從此便荒廢了。2006年傑克森再度公開露面以前，先在倫敦的「金氏世界紀錄」辦公室獲頒八座獎項；之後，藉週年紀念重新發行他最了不起的專輯（例如《顫慄25》），之後又推出暢銷金曲精選輯——2005年的《The Essential》和2008年的《King Of Pop》。他和九千名民眾一起出席「靈魂樂教父」詹姆斯布朗的喪禮向他致敬，並在會場擁抱阿爾夏普頓牧師和傑西傑克森牧師。「我看詹姆斯布朗跳舞的時候，還只是個小孩，」他說，「我被他的舞技催眠了。從那時起，我很清楚知道自己這一輩子要做的事。」

他想恢復昔日的榮耀。2006年在倫敦舉行的「世界音樂獎」，歌迷引頸期盼他審判後第一次在舞台上的表演。他晚到兩個小時，唱了兩段〈四海一家〉的主歌，送幾個飛吻，音樂戛然終止那一刻他和所有的人一樣滿臉困惑。歌迷們原本被告知他將在現場演唱〈顫慄〉等歌曲。碧昂絲（Beyoncé）向記者透露她必須哄他離開更衣室，「他不想走出去。」她說。拉斯維加斯秀場請他演出的提議也遭到回絕。關於他隱退以及演藝生涯告終的謠言開始甚囂塵上。2009年3月，一則新聞鼓舞了所有對傑克森期盼已久但仍抱持信心的死忠歌迷。

他即將復出。

10

「就是這樣」──最後的謝幕
"THIS IS IT" - THE FINAL
CURTAIN CALL

　　許多人認為麥可傑克森熠熠的星光不再。2009年3月5日宣布的消息大聲告訴他們，他們錯了。七千名包含各個年齡層的歌迷（和三百五十名記者）混亂激動地聚集在倫敦的O2體育館，興奮的情緒達到頂點。他們正等著一個非常特別的聲明。傑克森吊足所有人的胃口，晚了九十分鐘才上台，正式宣布即將展開一整季的現場演唱會──這是他1996-1997年的巡迴演唱會後的首次演出。八年來他不曾在演唱會中全場演出。

「就是這樣──我們七月見」

「就是這樣。我只是要說,這將是我在倫敦最後的演出。」他說:「當我說『就是這樣』(This Is it),真的就是這樣。我將演唱歌迷最想聽的歌曲。真的就是這樣,最後一場演出。我愛你們,我真的愛你們,你們一定要知道,我發自內心的愛你們。就是這樣──我們七月見。」

這場演出預定在7月9日開跑。最初十場尚未確定,門票已供不應求,需求高到每十一秒鐘賣一張票。演出的場次最後追加到五十場,巡迴時間將從2009下半年持續到2010年2月,打破王子在O2體育館連開二十一場演唱會的紀錄。「人們將從世界各地來到這裡!不管之前有多麼不景氣,這場演出將重新刺激倫敦的經濟!」一位電視界權威人士興奮的說。主辦單位AEG聲明,這場演唱會是「流行音樂天王麥可傑克森歷史性的演出,也是他在倫敦的告別演出。願他永遠與我們同在!」甚至傳說他將進行的世界巡迴演出將為他賺進四億美金。

| 左圖 | 巨星以「就是這樣!」宣布他將在倫敦舉行盛大演出。

| 上圖 | 麥可為2009年初夏的演出全力彩排。

外界質疑演唱會的可能性

　　有些人還是懷疑，麥可的體力和健康狀況是否能撐得了再加演一季。他們甚至詢問記者會上穿紅色衣服的「麥可傑克森」，究竟是本人還是冒充的替身。他們質疑他的健康情況、體力、適應力和意願。他們懷疑一個五十歲骨瘦如柴的男人是否能撐完最後五十場筋疲力竭的演出。主辦單位表示，傑克森「經過一連串的健康檢查，他的健康狀況極佳。」擁護他的人希望他能藉此恢復搖搖欲墜的名聲，並擦亮他的王冠。門票在網路競標的價格飆漲到數千美金。麥可傑克森

的復出成了全球的焦點話題。那些有幸能夠親眼目睹的人將對這個大場面永生難忘。這個戲劇化的決定，似乎化解了所有的奚落、猜忌，再度證明了他是世界之最的流行藝人。

　　記者拍到傑克森帶著孩子在英國找房子。他在洛杉磯開始訓練，並於史戴普勒斯中心進行密集彩排。接著悲劇的第一個徵兆出現，首先是基於要求完美主義和舞台後勤配合的緣故，幾場門票已經售罄的演出延宕至 7月13日，但歌迷仍樂觀以待。 6月25日，他們的希望徹底破滅了。

11

捨不得說再見
NEVER CAN SAY GOODBYE

　　2009年6月25日星期四，麥可傑克森因心臟病發作死於洛杉磯荷爾貝山日落大道的家中。報導指出，他注射一種嗎啡類麻醉強效止痛藥配西汀後昏倒，沒有呼吸。當地時間12點26分，緊急救援部門獲報後，醫務人員竭盡全力挽救他，但已經回天乏術。救護車將他送到鄰近的加州大學洛杉磯分校醫學中心接受進一步的心肺復甦急救。當時約有十個人圍在他身邊喊，「你們得救救他！」他母親、幾位家人和伊麗莎白泰勒趕赴醫院。心焦如焚的歌迷們聞聲迅速群聚在醫院和麥可的家附近。傳言如野火蔓延，電視台勉強地接受這個事實，洛杉磯郡驗屍官佛瑞德克洛證實傑克森於下午2點26分死於心臟衰竭。

麥可驟逝引起全球一片譁然

從紐約到格拉斯頓伯里小鎮，聽到這個噩耗的人都錯愕悲慟，傑克森「精采傳奇」的一生傳頌世界各地。新聞台和報章雜誌大肆報導他的死訊。歌迷在鏡頭前哽咽著說，「美妙的聲音走了。」（The day the music died. 譯註：這是Don Mclean的名曲〈American Pie〉的歌詞。）新聞媒體如他生前一樣，一邊忙著歌頌他（二十四小時播出他的MV和歌曲），一邊又無情地剖析他。每個新聞節目都在找題材大做文章，不斷探討及揣測：他的醫生扮演什麼角色？他服了什麼藥物？他本來能逃過一劫嗎？當傑克森家族要求再度解剖驗屍時，陰謀論的說法又甚囂塵上。有些無情的人更離譜的說，他以詐死鞏固他的事業或逃避即將開始

的現場演唱。隔幾天，《國家詢問報》登出一張「傑克復活」的照片，聲稱死者其實是一個貌似傑克森的人。

但他們最後還是接受了事實。流行音樂天王殞落，評論家近乎瘋狂地爭相推崇他的時代意義。《時代雜誌》讚揚他「融合了黑人音樂和白人音樂」。人們津津樂道他的「和善親切」。許多節目分析討論他的「分裂」，在藝人和名流之間的隔閡，他是全世界動過整型手術中最不幸的「科學怪人」。大家一致認同他難以切分的人生與事業，分為三個重要階段：傑克森5人組時期天真無邪的童星，八〇年代單飛的顫慄超級巨星，後來的「怪胎傑克」（「他受自己的宣傳活動所累，名聲下滑」）。一位評論家感慨地說：「我們哀悼的是我們自己的記憶。」

｜前頁｜洛杉磯史戴普勒斯
中心外的傑克森追
悼牆。

｜左圖｜歌迷聚集在巴黎的
艾菲爾鐵塔下。

｜上圖｜洛杉磯劇院向傑克
森致敬。

｜右圖｜歌迷在傑克森逝世
的醫院外為他們的
英雄點上蠟燭。

　　「雖然他成功地重返顛峰一段時間，」評論家理查拉卡尤（Richard Lacayo）在《時代雜誌》中說，「我們很難想像傑克森這個永遠的孩子成年之後的轉變。」他描述麥可如《日落大道》的葛蘿莉亞史璜生一樣越來越孤僻怕生。回憶全盛時期的傑克森讓人開心愉快，他的名氣如日中天，他的身體充滿熱情活力，他的聲音狂喜繚繞。只待那些八卦禿鷹厭倦了麥可傳奇的最後篇章，新的一代很可能會讓天王巨星的名聲永垂不朽。

巨星們的悼念

　　「這是不幸的損失，也是最悲慘的一天。」碧昂絲說，「麥可傑克森是史上樂壇最有影響力的人。他擁有不可思議的魅力，是我們努力追求的目標。他將是永遠的『流行音樂天王』。」雪兒說，「上帝賜予你如此美好的禮物，這個不同凡響的孩子用他的天賦感動所有的人。他的歌聲無人能及。」布蘭妮說，「我好期待他在倫敦的表演，還打算飛到那裡去見他。他

|左圖| 中國歌迷的燭光追
思。

|下圖| 歌迷在好萊塢星光
大道麥可的名人之
星上堆滿花。

|右圖| 麥可追思告別式的
靈柩。

啟發了我的一生，他的死讓我非常震驚。」瑪丹娜說，「聽到這個噩耗之後，我忍不住哭了。這個世界失去了一個最偉大的人，但他的音樂永遠不死。」賈斯汀說，「我會珍惜我和他在台上共享的每一個時刻，以及從他那兒所學到的一切。」最感人的是前妻麗莎瑪莉普萊斯里的悼詞，「我很難過，覺得百感交集。」她說，「我很心疼他的孩子還有家人，他們是他的一切。在各方面來說，麥可離去都是巨大的損失。我難過得說不出話來。」

但媒體還有很多話要說，他們熱中炒作麥可濫用藥物、負債累累、服用鎮靜劑等話題。傑克森的遺囑交代將他的資產留給他的母親和孩子，並請凱薩琳（而非他的父親）擔任孩子的監護人，而監護人的候補人選是黛安娜羅絲，黛比羅蔵的反彈又讓他們有話題可炒作。他們故布疑陣，懷疑麥可也許不是孩子們的親生父親；接著又報導麥可將在加州州政府法令勒令制止之前葬在夢幻莊園，但他們事實上根本不知道麥可的遺體將葬在何處。夢幻莊園可能成為類似貓王的

優雅園一樣的聖地。謠傳「就是這樣」演唱會也可望由傑克森家族和其他巨星代替麥可演出。有家報紙甚至建議乾脆在原本預定演出的日子播放麥可的影像就行了。損失慘重的演唱會主辦單位毫無怨尤，將麥可於洛杉磯史戴普勒斯中心最後彩排的影像公開在網路上。

放眼全宇宙的音樂創作

麥可還留下許多錄音。有人說他未曝光的作品將近兩百首，多半是兒歌。也有人說那些是麥可為當代嘻哈／節奏藍調歌手如黑眼豆豆團長威爾、阿肯和尼歐寫了一半還未完成的作品。2007年傑克森對《黑檀木雜誌》說，「我最近寫了很多歌，每天都待在工作室裡。」肯伊威斯特、提潘（T-Pain）、史威茲畢茲（Swiss Beatz）和尚蓋瑞特（Sean Garrett）都證實他們曾經和傑克森討論合作事宜。五角（50 Cent）和克里斯小子（Chris Brown）也透過電話與他談了一些

可行的案子。傑克森和阿肯合寫的〈Hold My Hand〉出現在網路上。去年合作一首混音單曲〈Wanna Be Startin' Something〉之後，阿肯說，「他真的是個天才。那種氣氛太驚人了。我們將會震驚全世界。許多歌手的格局只限於某些地區，有些會放眼全美國，我想的是全世界，然而他想到的是整個宇宙。」黑眼豆豆團長威爾說，「我是他的粉絲，他是我見過最聰明的人。麥可傑克森、詹姆斯布朗、王子、納京高（Nat King Cole）將他們的光芒導至地球。他告訴我『搖滾』的意思——就是性。他以身為黑人為榮……他長期承受的那種媒體壓力，你們永遠也不會了解。」

盛大的追思儀式彷彿是他最後的演出

〈Hold My Hand〉令人鼻酸地響起，「生命不會永遠這樣下去……」它繼續，「當它暗淡，當它沮喪／我們可以握住彼此的手，直到看見陽光為止。」製作人吉歐爾吉圖佛特（Giorgio Tuinfort）聲稱，「他聽到我和阿肯的作品非常喜歡。他還有很多快要完成的作品，數百張試聽帶以及兩首可以準備推出的單曲。它們都在我家裡。」他又說，他會把這些交給傑克森的家人，讓他們決定是否要發行。埃佩克唱片公司總裁黑寡婦艾曼達（Amanda Ghost）說他們不會做趁火打劫的事。「我們只想向麥可表達我們的敬意。我們不會趁這個時機趕撈一筆。」

傑克森家族全員出席麥可傑克森的追思儀式。兄弟們都戴黑色墨鏡，扶靈的手各戴一隻鑲鑽白手套（向麥可最意氣風發時的註冊商標致敬）。在眾多流言紛傳之際，全體家族7月7日再度公開露面，於福里斯特朗紀念公園向他們最耀眼的巨星進行四十分鐘的告別。然後帶著麥可裝飾著紅玫瑰的黃金靈柩，由摩托車隊開道前往史戴普勒斯中心。這裡是麥可不久前彩排的場所，現在變成全美三千一百三十萬以及全世界無以數計的電視實況轉播的焦點。如同體育場內在

| 右圖 | 傑麥恩傑克森在史戴普勒斯中心弟弟的追思會中演唱。

網路抽籤贏得入場券的一萬七千五百名歌迷，五萬多名場外的歌迷說他們也親臨現場。這個場面結合了喪禮、追思音樂會、告別儀式、守靈追思會，和我們的期待一樣盛大。傑克森的靈柩安置在台前，家人坐第一排。英國《衛報》稱麥可的告別式為「他最後的演出……如他在八〇年代青少年時的歌聲以及他傳奇的舞步一樣，精確俐落，完美無瑕。」壯觀的場面如音樂劇般行雲流水地進行。悼詞中懷著樂觀與希望，歌手們與生俱來專業感性的嗓音因悲傷而沙啞。有人記得麥可曾經說過，希望自己的喪禮是世界上最偉大的一場演出。

他永遠不會真的離去

資深靈魂樂歌手史摩基羅賓遜朗讀南非前總統曼德拉和黛安娜羅絲的弔唁信。（羅絲與伊麗莎白泰勒和昆西瓊斯一樣，怕自己如玉婆一樣過度悲痛，選擇私下哀悼。）這場真情流露的追思會，悼念偉大的巨星，將過往的流言蜚語一筆勾銷。舞台背景屏幕播放麥可一生在各地演出的影像，歌手輪流登台獻唱，瑪麗亞凱莉演唱〈Jesus Is Love〉、史提夫汪達演唱〈Never Dreamed You'd Leave In Summer〉，將歌詞最後一句改成「麥可，你為什麼不留下？」貝瑞高帝稱傑克森是「史上最偉大的藝人」時全場起立鼓掌。女饒舌歌手昆拉蒂法（Queen Latifah）朗誦著名黑人詩人馬雅安潔羅（Maya Angelou）特地為麥可寫的一首詩。史摩基說，「他永遠不會真的離去。」洛杉磯湖人隊過去和現在的球星魔術強森和布萊恩都上台回憶往事致詞悼念他們的好友。珍妮佛哈德森演唱麥可的名曲〈Will You Be There?〉，約翰梅爾（John Mayer）演唱〈Human Nature〉。當傑麥恩傑克森演唱完卓別林的〈Smile〉，布魯克雪德絲介紹這首歌是麥可最喜歡的歌，全場觀眾不禁潸然淚下。她談到他們之間「自然單純的友誼……沒錯，在外界看來似乎很怪，但我們的關係很有趣、很真實。」她強調他是個敏感而熱愛生命的人。阿爾夏普頓牧師上台引發激情，他高呼，「他打破了有色人種的隔閡，讓我們在雜誌封面和電視上曝光。他使我們彼此相愛。」他還將歐巴馬勝選和許多其他的事都歸功於麥可。「這不

是困境，」他呼籲美國未來不要只關心醜聞，「這就是麥可帶給我們的訊息。」他激動地看著傑克森的孩子們說，「你們的父親一點都不怪。怪的是你們父親得面對的事。」麥可三個孩子公開出現在大眾面前，除去面紗的他們，都是甜美可人的孩子。

接下來，亞瑟小子演唱〈Gone Too Soon〉，他撫著靈柩暗自垂淚。民權領袖馬丁路德金恩的子女發表長篇演說。來自威爾斯、在英國《星光大道》電視選秀節目演唱麥可歌曲的十二歲男孩夏恩賈法戈利（Shaheen Jafargholi）獻唱麥可的〈Who's Lovin' You?〉，他說，「我要謝謝他用動人的歌聲為我以及每一個人帶來祝福。」依照「就是這樣」演唱會的安排，追思會最後的結尾，眾人合唱〈四海一家〉和〈拯救世界〉，麥可的家人和朋友走上台加入表演陣容。然後是更令人動容的場面，馬龍傑克森說，「麥可，也許現在他們不會去煩你了。」這句話彷彿給了批鬥傑克森的人一拳叫他們閉嘴。他的孩子們推擠著走近麥克風。珍娜說，「說幾句話吧，甜心。」十一歲的芭莉絲首次登台公開演說便迷住了全世界的觀眾。她強忍著淚水說，「從出生以來，爹地一直是最棒的父親，我只想說，我真的好愛他。」真情流露令人動容，人們卸下心中的藩籬，場面遠勝過艾爾頓強在黛安娜王妃的喪禮演唱〈Candle In The Wind〉，摻雜著榮寵、悲傷、窺視、幻覺和真實，難以用言語來形容。

有些人說是新聞媒體的渲染，有人稱是神賜的凝聚力，有人說以形容詞涵蓋所有不同的意義太令人感傷。麥可傑克森叱吒風雲五十年，在那一刻，他是全世界最受人矚目的巨星。

「從人們在他小時候第一次聽他唱歌，麥可傑克森便環繞天體運行，永不墜落。」貝瑞高帝說。

| 右圖 | 女兒芭莉絲、長子普林斯一世和次子普林斯二世出席父親的追思會。

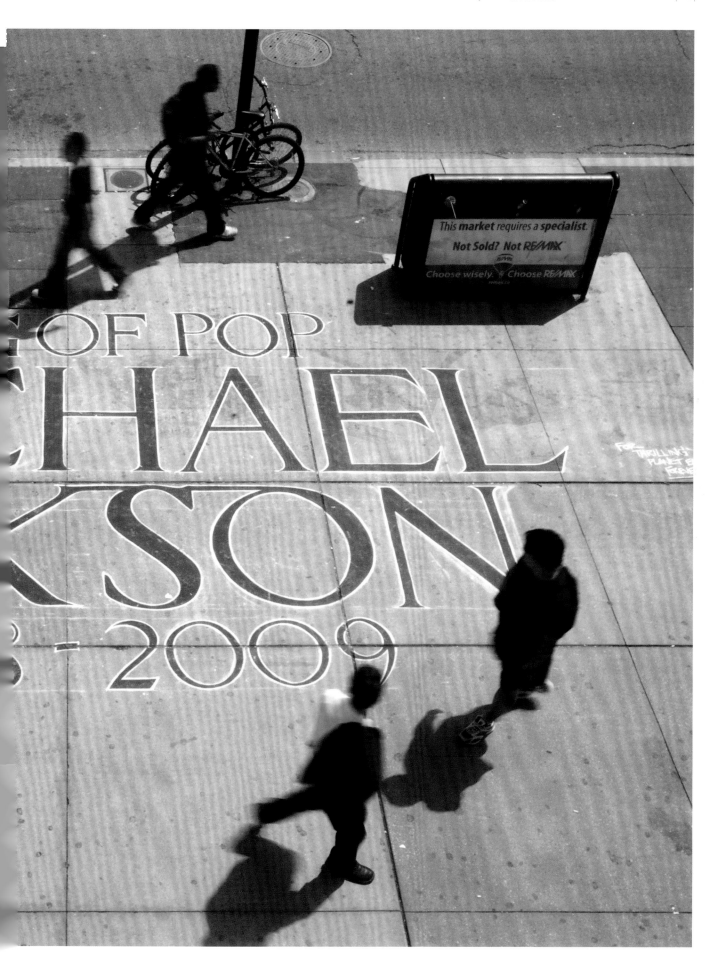

DISCOGRAPHY

SINGLES

JACKSON 5

1968	"Big Boy"/"You've Changed"
	"We Don't Have To Be Over 21"
1969	"I Want You Back"
1970	"ABC"
	"The Love You Save"
	"I'll Be There"
	"Santa Claus Is Coming to Town"
	"I Saw Mommy Kissing Santa Claus"
1971	"Mama's Pearl"
	"Never Can Say Goodbye"
	"Maybe Tomorrow"
	"Sugar Daddy"
	"Little Bitty Pretty One"
1972	"Lookin' Through the Windows"
	"Doctor My Eyes"
	"Corner of the Sky"
1973	"Hallelujah Day"
	"Skywriter"
	"Get It Together"
1974	"The Boogie Man"
	"Dancing Machine"
	"Whatever You Got I Want"
	"Life Of The Party"
	"I Am Love (Part 1)"
1975	"Forever Came Today"
	"All I Do"

THE JACKSONS

1976	"Enjoy Yourself"
1977	"Show You the Way to Go"
	"Dreamer"
	"Goin' Places"
	"Even Though You're Gone"
1978	"Different Kind Of Lady"
	"Music's Taking Over"
	"Find Me a Girl"
	"Blame It on the Boogie"
1979	"Shake Your Body (Down to the Ground)"
	"Destiny"
1980	"Lovely One"

	"This Place Hotel"
1981	"Can You Feel It"
	"Walk Right Now"
	"Time Waits For No One"
	"Things I Do For You"
1984	"State of Shock" (with Mick Jagger)
	"Torture"
	"Body"
	"Wait"

MICHAEL JACKSON

1971	"Got to Be There"
1972	"Rockin' Robin"
	"I Wanna Be Where You Are"
	"Ain't No Sunshine"
	"Ben"
1973	"Music and Me"
	"Happy"
1975	"We're Almost There"
	"Just a Little Bit of You"
1979	"You Can't Win"
	"Don't Stop 'til You Get Enough"
	"Rock with You"
1980	"Off the Wall"
	"She's out of My Life"
	"Girlfriend"
1981	"One Day in Your Life"
1983	"Billie Jean"
	"Beat It"'
	"Wanna Be Startin' Somethin"
	"Human Nature"
1984	"Thriller"
	"Farewell My Summer Love"
	"Bad"
1988	"The Way You Make Me Feel"
	"Man in the Mirror"
	"Dirty Diana"
	"Another Part of Me"
	"Smooth Criminal"
1989	"Leave Me Alone"
	"Liberian Girl"
1991	"Black or White"
1992	"Remember the Time"
	"In the Closet"
	"Jam"
	"Who Is It"
	"Heal the World"
1993	"Give in to Me"

"Will You Be There"
"Gone Too Soon"
1995　"Scream/Childhood"
"You Are Not Alone"
"Earth Song"
"They Don't Care About Us"
"Stranger in Moscow"
1997　"Blood on the Dance Floor"
"HIStory/Ghosts"
2001　"You Rock My World"
"Cry"
2002　"Butterflies"
"Heaven Can Wait"
2003　"What More Can I Give"
"One More Chance"

COLLABORATIONS

1978　"Ease on Down the Road" (with Diana Ross)
1979　"A Brand New Day" (with Diana Ross)
1980　"Save Me" (with Dave Mason)
1983　"Say Say Say" (with Paul McCartney)
1984　"Somebody's Watching Me" (with Rockwell)
1987　"I Just Can't Stop Loving You"
(with Siedah Garrett)
1982　"The Girl Is Mine" (with Paul McCartney)
1988　"Get It" (with Stevie Wonder)
1991　"Do the Bartman" (with The Simpsons)
1992　"Whatzupwitu" (with Eddie Murphy)
1996　"This Time Around"
(with The Notorious B.I.G.)
"Why" (with 3T)
2008　"The Girl Is Mine 2008" (with will.i.am)
"Wanna Be Startin' Somethin'" (with Akon)

ALBUMS

JACKSON 5

1969　*Diana Ross Presents the Jackson 5*
1970　*ABC*
Third Album
The Jackson 5 Christmas Album
1971　*Maybe Tomorrow*
Goin' Back to Indiana
1972　*Lookin' Through the Windows*
1973　*Skywriter*
The Jackson 5 in Japan

　　G.I.T.: Get It Together
1974　*Dancing Machine*
1975　*Moving Violation*

THE JACKSONS

1976　*The Jacksons*
1977　*Goin' Places*
1978　*Destiny*
1980　*Triumph*
1981　*The Jacksons Live!*
1984　*Victory*

MICHAEL JACKSON

1972　*Got to Be There*
　　Ben
1973　*Music & Me*
1975　*Forever, Michael*
1979　*Off the Wall*
1982　*Thriller*
1987　*Bad*
1991　*Dangerous*
1995　*HIStory: Past, Present and Future, Book One*
1997　*Blood on the Dance Floor (HIStory in the Mix)*
2001　*Invincible*

COMPILATIONS

There are at least 100 compilations covering the careers of Michael Jackson, the Jackson 5 and the Jacksons. The most significant are shown below.

1971　*Greatest Hits* (Jackson 5)
1975　*The Best of Michael Jackson*
1981　*One Day in Your Life*
1983　*18 Greatest Hits*
1987　*Love Songs* (with Diana Ross)
1995　*Jackson 5: The Ultimate Collection*
2000　*The Millennium Collection:
The Best of Michael Jackson*
2001　*Greatest Hits: HIStory, Vol. 1*
2003　*Number Ones*
2004　*Michael Jackson: The Ultimate Collection*
The Essential Jacksons
2005　*The Essential Michael Jackson*
2008　*King of Pop*
2009　*The Collection*

PICTURE CREDITS

The publishers would like to thank the following sources for their kind permission to reproduce the pictures in this book.